COMMANDANT J. PICHON

DU 2e TIRAILLEURS ALGÉRIENS

ABD EL KADER

SA JEUNESSE

SON ROLE POLITIQUE ET RELIGIEUX

SON ROLE MILITAIRE

SA CAPTIVITÉ, SA MORT (1807-1883)

PARIS

HENRI CHARLES-LAVAUZELLE

Éditeur militaire

10, Rue Danton, Boulevard Saint-Germain, 118

(MÊME MAISON A LIMOGES)

ABD EL KADER

CAPITAINE J. PICHON

DU 2e TIRAILLEURS ALGÉRIENS

ABD EL KADER

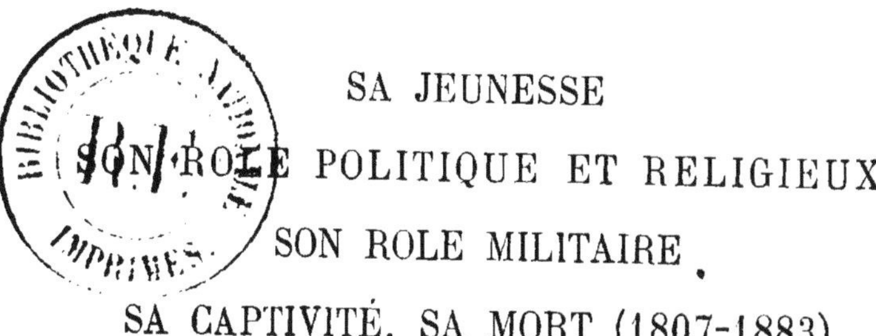

SA JEUNESSE

SON ROLE POLITIQUE ET RELIGIEUX

SON ROLE MILITAIRE

SA CAPTIVITÉ, SA MORT (1807-1883)

PARIS

HENRI CHARLES-LAVAUZELLE

Éditeur militaire

10, Rue Danton, Boulevard Saint-Germain, 118

(MÊME MAISON A LIMOGES)

NOTICE

On a beaucoup écrit sur les événements auxquels fut mêlé l'émir Abd el Kader. Les rapports de nos généraux de l'époque de la conquête, les luttes oratoires du Parlement de 1832 à 1848, les relations qui furent alors données dans les feuilles publiques, et notamment dans le *Moniteur universel,* sur l'œuvre alors naissante de cette conquête, les *Lettres* et les *Souvenirs* de quelques-uns des acteurs de ces luttes, ont apporté, à la vérité, une vive lumière sur les événements dont l'Algérie a été le théâtre pendant près de dix-sept ans.

Mais nous n'avons pas voulu faire une histoire de la conquête. Notre but, plus modeste, s'est borné à une relation aussi étendue que possible nous montrant le héros musulman dans son rôle religieux, politique et militaire, pour ne le quitter qu'au tombeau.

Nous avons butiné un peu partout en réunissant, en coordonnant les matériaux épars que nous avons pu nous procurer, en essayant enfin de tirer des événements les leçons qu'ils comportent.

Nous avons, comme de juste, donné la prépondérance à la partie militaire, celle qui devait nous intéresser le plus. Mais nous n'avons pas voulu négliger la partie politique, celle ayant trait à la diplomatie d'Abd el Kader, à laquelle nous avons donné un développement assez étendu.

Puissions-nous avoir réussi à faire une œuvre tant soit peu utile !

J. P.

EXPLICATION

de quelques mots employés dans cet ouvrage.

Aasseur....... Prière de l'après-midi.
Achour........ Impôt sur les céréales.
Adoul......... Assesseur du cadi (V. ce mot).
Agha.......... Chef d'un aghalick (V. ce mot).
Aghalick...... Territoire de commandement comprenant plusieurs tribus.
Aïn-Mahdi..... Ville fortifiée de l'extrême-sud, à 50 kilomètres environ à l'ouest de Laghouat.
Aïssaouas..... Disciples de Aïssa (Jésus le Prophète); secte musulmane.
Aman......... Sauf-conduit. Pardon.
Angads........ Tribu de la frontière franco-marocaine.
Askeur........ Soldats réguliers.
Bach-Agha.... Titre honorifique immédiatement au-dessus d'agha.
Bach-Saïss.... Chef des palefreniers.
Ben........... Fils de.
Beni-Ameurs.. Tribu entre Oran et les Hachems-Cheragas.
Beni-Masseurs. Tribu de la plaine du Chéliff (Oran).
Beni-Snassem. Tribu montagnarde de la frontière franco-marocaine.
Bey............ Gouverneur turc.
Beylick........ Territoire de commandement d'un bey.
Bit............ Chambre; par extension, maison.
Borghias (*Bordjias*)........ Tribu montagnarde à l'est de Mascara (Oran).
Boudjous...... Pièce d'argent turque d'une valeur de 1 fr. 75.
Cadi........... Juge musulman.
Caïd........... Chef de tribu (V. *Tribu*).
Chart (*pl. Cherouth*)....... Traité.
Chaouch....... Domestique.
Cheïa.......... Décoration instituée par Abd el Kader.
Cheick......... Chef de douar (V. ce mot).

Cherchem.....	Blé cuit dans de l'eau.
Chérif (*pl. Cheurfas*)....	Descendant du Prophète.
Cherragas.....	Fraction orientale de la grande tribu des Hachems (V. *Hachems*.)
Chongrans....	Tribu de la plaine de l'Habra, traversée par le Sig (Oran).
Dar...........	Maison d'habitation.
Dar-el-bey.....	Maison du Bey. Hôtel du gouvernement.
Deïra..........	Synonyme de douar (V. ce mot).
Derkaouas.....	Secte religieuse.
Dhour.........	Prière du milieu du jour.
Djehâd........	Guerre sainte.
Djemma.......	Mosquée; conseil religieux.
Dhiffa (*Diffa*)..	Hospitalité; repas de bienvenue.
Douairs.......	Tribu à l'ouest d'Oran, région d'Aïn-Temouchent.
Douar.........	Fraction de tribu commandée par un cheick (V. ce mot), et composée de plusieurs tentes disposées en forme de circonférence. Douar veut dire aussi circonférence.
Émir..........	Prince.
Fanègue.......	Mesure de capacité usitée dans les pays barbaresques.
Fedjir.........	Prière de la pointe du jour.
Ferregma.....	Domestique au camp.
Flittas........	Tribu guerrière dans l'Ouarsenis (V. ce mot).
Garabas.......	Fraction occidentale de la grande tribu des Hachems (V. *Hachems*).
Ghazzia.......	V. *Razzia*.)
Gharb.........	Partie occidentale de l'Algérie; province d'Oran.
Gueitoun (*pluriel Guitouna*)	Tente de chef.
Guetna........	Douar près de Mascara, où est né Abd el Kader, dans la tribu des Hachems.
Hachems......	Grande tribu de la province d'Oran comprenant Mostaganem, Bel-Abbès, Mascara et divisée en Hachems-Cherragas (orientaux) et Hachems-Garabas (occidentaux).
Hadjouths.....	Tribu des environs de Miliana et de Médéa (Alger).
Hakouma.....	Maison du gouvernement; synonyme de dar-el-bey (V. ce mot).
Iman..........	Ministre de la religion de Mahomet; officiant.
Kaddi.........	(V. *Cadi*.)
Kaïd..........	(V. *Caïd*.)
Kâfer.........	Celui qui n'est pas musulman; infidèle.
Kébir.........	Grand; âgé.
Khalifah......	Chef d'une khalifahlick (V. ce mot).
Khalifahlick..	Grande étendue de territoire comprenant plusieurs tribus sous un même commandement.

Khéba.........	Tente de troupe.
Khialas.......	Cavaliers réguliers de l'émir.
Khotua........	Chaire sacrée.
Khoans........	Confrérie secrète.
Koubba........	Tombeau vénéré.
Makhzen(Maghzen).........	Force armée instituée par les gouverneurs turcs en Algérie pour le maintien de l'ordre.
Maouna.......	Impôt extraordinaire.
Matrak (matraque).........	Bâton, l'*ultima ratio* des Arabes.
Marabout......	Prêtre musulman; se dit aussi du tombeau d'un saint.
Méchouar......	Citadelle de Tlemcen.
Mitidja........	Grande et fertile plaine des environs d'Alger.
Moudjahed....	Combattant pour la guerre sainte.
Moghreb.......	Maroc.
Moulouïa......	Territoire marocain du nord-est, avoisinant la frontière algérienne. Rivière de ce territoire.
Mueddin, muezzin..........	Celui qui appelle les musulmans à la prière.
Nasseur-ed-din	Protecteur de la religion.
Nouba.........	Musique indigène.
Ouarsenis.....	Région montagneuse au sud d'Orléansville.
Ould..........	Fils de.
Ouleds-Naïls...	Tribu au sud du Djurdjura (province d'Alger), à 30 kilomètres environ au sud de Bou-Saâda.
Oulémas.......	Docteurs; savants religieux.
Outak.........	Tente du commandant suprême.
Razzia........	Surprise armée accompagnée de pillage.
Rouïna........	Blé cuit au four.
Saïs...........	Palefrenier.
Smala.........	Réunion nombreuse d'individus, vivant comme en famille et se déplaçant souvent.
Smélas........	Tribu avoisinant Oran et comprenant Misserghin, la Sebka et la Plaine au sud de la Sebka.
Sultan.........	Chef suprême politique et religieux.
Tittery........	Ancienne province turque au sud de la Mitidja.
Thaleb.........	Ecrivain.
Tholbas........	Savants religieux; synonyme d'oulémas.
Tobjia.........	Artilleur.
Tribu..........	Réunion de plusieurs douars (V. ce mot) sous le commandement d'un caïd.
Yacouba.......	Région de Saïda.
Zaouïa........	Ecole religieuse.
Zemouls.......	Soldats auxiliaires.
Zekka.........	Impôt sur les bestiaux.
Zmélas........	(V. *Smélas*.)

ABD EL KADER

CHAPITRE Ier

Enfance et jeunesse d'Abd el Kader.

La date de la naissance d'Abd el Kader est loin d'être établie d'une façon certaine ; les uns la placent en 1807, d'autres en 1808. Le grand dictionnaire universel du XIXe siècle, de Larousse, le fait naître vers 1807, et, dans son supplément, en 1808 ! Dans tous les cas, tous les historiens s'accordent à placer le lieu de sa naissance près de Mascara (1), à la Guetna (2), à 20 kilomètres sud-ouest de cette ville, précise même la grande *Encyclopédie*.

Le héros africain a donné lui-même sa généalogie :

« Je suis Abd el Kader, fils de Mahhi ed Din, fils de Mustapha, fils de Mohamed, fils de Moktar, fils d'Abdelkader, fils d'Ahmed, fils de Mohamed, fils d'Abd el Kaoui,

---

(1) Ma-Askeur, la Mère des soldats ; Mascara avait été la capitale de la province de l'Ouest de 1704 à 1792, époque à laquelle le bey Mohamed el Kebir (le Grand) alla habiter Oran. Le pays de Mascara, ou plutôt sa population, jouissait d'une mauvaise réputation. Un voyageur arabe, Mohamed ben Youssef, a dit : « Si tu rencontres un homme gras, fier et sale, tu peux dire : C'est un habitant de Mascara. » Et un proverbe arabe, renchérissant, ajoute : « Une pièce fausse est moins fausse qu'un homme des Hachems. »

(2) Faisant un nom de lieu du mot « guetna » qui veut dire : réunion de tentes.

fils de Koled, fils d'Youssef, fils d'Ahmed, fils de Chabân, fils de Mohamed, fils d'Edris ben Edris, fils d'Abd Allah, fils de Hassan, fils de Houssein, fils de Fathma, fille de *Mohamed*, le *Prophète de Dieu*, et épouse de Ali ben Ali Taleb, cousin du Prophète.

» Nos aïeux demeuraient à Médine-la-Noble, et le premier d'entre eux qui émigra fut Edris le Grand, qui devint sultan du Moghreb (Maroc) et construisit Fâs (Fez).

» Sa postérité s'étant augmentée, ses descendants se séparèrent et c'est seulement depuis l'époque de mon grand-père que notre famille vint s'établir à Ghris (près Mascara).

» Mes aïeux sont célèbres dans les livres et dans l'histoire par leur science, leur piété et leur respect de Dieu. »

Abd el Kader procède donc en ligne directe du Prophète, par sa fille Fathma, et si l'on discutait cette filiation, il n'en serait pas moins acquis que personne, parmi les Arabes, n'a jamais contesté aux membres de cette puissante famille le titre de cheurfas (pluriel de chérif), descendants du Prophète.

Dans une province où la vraie, la seule noblesse a été et sera toujours la noblesse religieuse, une pareille ascendance était plus qu'il n'en fallait pour auréoler Abd el Kader d'une prestigieuse influence.

Son aïeul, du reste, son père surtout, étaient l'objet de la considération générale et du respect universel, aussi bien pour leur inépuisable bonté que pour leur piété rare. Mahhi ed Din distribuait chaque année la majeure partie de ses récoltes à ses coreligionnaires malheureux ; il s'appliquait aussi à leur distribuer en même temps la nourriture intellectuelle et celle du cœur, et avait établi une école de lettrés (tholbas) non loin de sa demeure de l'Oued-Hamman ; là, sous sa surveillance et sa direction, se donnait gratuitement l'enseignement des lettres, du droit et de la théologie.

Dans tout le beylick d'Oran sa réputation de justice, de droiture était telle que les Arabes venaient de fort loin pour lui soumettre leurs différends, et non seulement les particuliers le prenaient pour juge, mais aussi des tribus entières, prêtes à en venir aux mains, recouraient à son arbitrage et acceptaient ses décisions comme une émanation de la justice divine.

Mahhi ed Din avait eu six enfants de ses quatre femmes : cinq garçons et une fille. Abd el Kader était le deuxième fils du patriarche et son enfant de prédilection. Il lui avait été donné par sa troisième femme, Zohra bent Sidi Omar ben Douba.

A 14 ans, Abd el Kader, qui avait fait ses premières études dans la zaouia paternelle, fut envoyé à Oran pour y compléter son éducation. Il y resta peu, écœuré qu'il fut, malgré son jeune âge, au spectacle des désordres, des mœurs dissolues, des exactions de la milice turque ; et, au bout de quelques mois, il revenait à la Guetna pour parfaire son instruction auprès des nombreux tholbas dont le vieux Mahhi ed Din était le Mécène.

Cependant la juste renommée, l'énorme influence de Mahhi ed Din ne pouvaient manquer de porter ombrage au gouvernement turc; d'autant plus que la légende s'en mêlait aussi, dans ce pays aux imaginations ardentes, et une prophétie courait, annonçant qu'un jeune Arabe deviendrait bientôt sultan du Gharb (1) et briserait les chaînes de l'oppression sous laquelle pliait alors, gémissante, la province d'Oran. C'est ainsi que les aspirations populaires se traduisent le plus souvent et que l'esprit simpliste des foules aime à concréter un sentiment vague, commun à tous.

Un coup de main tenté sur Mascara par un marabout du nom de Tedjini, dont la renommée égalait presque celle de

(1) Partie occidentale de l'Algérie.

Mahhi ed Din, coup de main resté infructueux du reste, et qui coûta la vie à son auteur, servit de prétexte à Hassan, bey d'Oran, pour chercher à abattre celui qu'il considérait comme un rival. A tort ou à raison il accusa Sy Ali bou Thaleb, frère de Mahhi ed Din, d'avoir prêté son concours à Tedjini. Sy Ali prit le sage parti de s'enfuir; mais alors la colère de Hassan se tourna naturellement contre son frère Mahhi ed Din.

Celui ci, pour détourner l'orage, fit répandre le bruit de son projet d'aller visiter la « Maison de Dieu », c'est-à-dire de faire le pélerinage de la Mecque, projet que son grand âge justifiait d'ailleurs suffisamment. Après quelques difficultés de Hassan, il put enfin partir et se rendre à Tunis, où il s'embarqua avec son fils, le jeune Abd el Kader, âgé alors de 19 ans. Les pèlerins passèrent par le Caire, puis à Suez, puis à Djedda et enfin arrivèrent à la Mecque. Après avoir accompli les différentes cérémonies qui accompagnent la visite à la «Maison de Dieu » (Bit'Allah) ils se rendirent à Médine, lieu de sépulture du Prophète.

Là, ils se séparèrent de leurs compagnons de voyage; il était encore trop tôt pour eux de revenir en Algérie et ils s'en furent visiter, à Bagdad, la koubba (tombeau) du célèbre marabout Abd el Kader el Djilali « le Sultan des hommes parfaits », auquel la tradition fait remonter leur origine. Ils restèrent à Bagdad plusieurs mois, dissertant avec les oulémas (docteurs) et les descendants de leur illustre aïeul; puis, l'époque du pèlerinage revenue, ils retournèrent à la Mecque. Ils y apprirent que la tentative faite sur Mascara était si complètement oubliée que Sy Ali bou Thaleb avait pu rentrer dans son douar, et, dès lors, ils décidèrent leur retour.

Le voyage qu'il venait d'accomplir devait avoir une grande influence sur l'esprit d'Abd el Kader : il avait étudié avec soin le gouvernement des peuples qu'il avait visités, et bien que tout n'y fût pas parfait, il en rapportait des idées qu'il sut utiliser plus tard et dont il eût fait une application entendue si les événements le lui avaient permis.

Nos pèlerins rentrèrent chez eux vers le milieu de 1829, et, dès leur arrivée, Mahhi ed Din et son fils purent se rendre compte que si l'oppression des Turcs s'était encore accentuée, les sympathies qu'ils avaient laissées dans le pays n'avaient fait que s'accroître.

A la fin de 1829 ou au commencement de 1830, Abd el Kader épousa sa cousine Kheira, fille de Sy Ali bou Thaleb.

Quelques mois plus tard, les Français entraient à Alger et le règne des Turcs était fini.

Ici se place le premier acte important de la vie d'Abd el Kader.

1830. — A l'annonce de la prise d'Alger par les Français, le bey d'Oran, Hassan, eut le pressentiment de la ruine prochaine de son autorité et, cherchant un appui autour de lui, ne voit qu'un seul homme pouvant lui offrir une protection efficace : c'est celui qu'il a soupçonné jadis, persécuté même, c'est Mahhi ed Din. Il le fait appeler à Oran, lui expose ses craintes légitimes et lui fait connaître le service qu'il attend de lui. Mahhi ed Din demande un sursis de quelques jours pour pouvoir consulter les siens, ne voulant pas prendre sur lui seul la responsabilité d'une décision aussi grave, et, de retour à la Guetna, convoque immédiatement une sorte de conseil de famille. Tous les membres du conseil avaient été unanimes à reconnaître combien il était difficile de repousser la proposition du bey et à conclure qu'on ne pouvait se dispenser de l'accueillir. Mais quand vint le tour de parler d'Abd el Kader, celui-ci s'éleva avec véhémence contre l'avis de ses aînés; il n'y avait pour sa famille, disait-il, aucune certitude de pouvoir protéger Hassan contre le ressentiment général, puis il ajouta : Un autre motif s'oppose à ce que Hassan soit recueilli dans la Guetna; c'est que l'asile qui viendrait à être donné par la famille au représentant d'un gouvernement tyrannique, au bey méprisé et exécré, serait considéré par les Arabes comme une approbation de sa conduite passée. « Par conséquent, concluait-il, nous nous ferions des ennemis de tous ceux qui ont eu à se plaindre de Hassan, c'est-à-dire de tous les Arabes de la province. » Aussitôt, mieux éclairés, tous les membres du conseil se rangèrent à l'avis du jeune Abd el Kader (1).

Quelque temps après, le 4 janvier 1831, le général Damrémont entrait à Oran sans coup férir et Hassan s'embarquait pour Alexandrie.

---

(1) Le jeune marabout était beau, d'une grande distinction, d'une piété fervente, lettré, éloquent; il savait par cœur tout le Coran; sa parole était entraînante et il écrivait avec un rare talent. C'était également un cavalier accompli, première des recommandations pour un peuple qui a besoin pour le conduire, dit la légende, d'un homme sachant manier avec hardiesse le mors et l'éperon.

CHAPITRE II

Proclamation du sultan.

Si les Français étaient à Oran, leur autorité, toutefois, ne s'étendait guère plus loin que les murs de la ville et le frisson plein de menaces qui, depuis la prise d'Alger, secouait tout le beylick de l'ouest, ne semblait pas devoir s'apaiser. Le coup terrible porté par la France à la puissance des Turcs avait été le signal d'un soulèvement général des indigènes ; au ressentiment national, si l'on peut s'exprimer ainsi, qu'avait justifié l'oppression, se mêlèrent inévitablement les passions qui ne manquent jamais de se faire jour dans les époques et les pays troublés. Les haines et les rancunes particulières se donnèrent libre cours ; le brigandage organisé s'exerça sans entraves, et rien n'était moins sûr que les routes de la province.

Les habitants de Tlemcen (1) et la tribu des Beni-Amers ne tardèrent pas à reconnaître que le seul remède possible à la situation était de confier le pouvoir à un chef investi d'une autorité absolue, et, pour éviter les compétitions qui n'auraient pas manqué de se produire s'ils avaient choisi ce chef parmi les partis divisés, ils s'adressèrent au sultan du Maroc, Mouley Abder Rahmân. Celui-ci leur envoya Mouley Ali, son neveu, avec le titre de khalifah (lieutenant), et il semblait déjà que l'ordre commençait à renaître ; mais sur les représentations de la France, portées au sultan par M. de Mornay, Mouley Ali fut rappelé au bout

(1) L'antique « Pomaria » des Romains.

de quelques mois. Le rôle politique d'Abd el Kader allait véritablement commencer.

Le désordre se faisant de nouveau sentir de plus belle dans toute la province, la tribu des Hachems à laquelle appartenait Mahhi ed Din, les Beni-Amers et les Garabas offrirent au vieux marabout de le nommer sultan ; mais celui-ci refusa à plusieurs reprises.

Entre temps et sous les ordres de son père, le jeune Abd el Kader s'était signalé par sa vaillance dans les rencontres des 3 et 7 mai, des 16 et 23 octobre et des 10 et 11 novembre 1831, sous les murs d'Oran. Déjà recommandé par son origine, sa piété, son habileté à tous les exercices du corps, son élégance et son intrépidité de cavalier, voilà qu'il recevait la consécration du courage militaire ; il n'en fallait pas tant pour passionner les Arabes. Dans la rencontre du 7 octobre, chargeant jusqu'au milieu de nos lignes, il avait failli être fait prisonnier et son cheval avait reçu sept coups de baïonnette ; une autre fois, et sous un feu terrible, il était allé ramasser son neveu Sy Taïeb, blessé !

Mahhi ed Din, de nouveau sollicité et de nouveau refusant de prendre le pouvoir, « Eh bien ! s'écrièrent les principaux des Hachems et des Beni-Amers, puisque tu ne veux pas nous commander, donne-nous pour sultan, non pas ton fils aîné qui n'est qu'un homme de livres, mais le fils de Zohra (1), qui est un homme de poudre ! »

Touché jusqu'aux larmes, le vieillard refusa encore mal-

---

(1) Durant leur pèlerinage à la Mecque et pendant que Mahhi ed Din et son fils étaient prosternés devant le tombeau de Sidi Abdelkader et el Djilali, le saint lui-même entra dans la chapelle, sous la forme d'un nègre, portant dans un couffin (panier) des dattes, du lait et du miel.

— Où est le sultan de l'Ouest, dit-il à Mahhi ed Din ?

— Il n'est pas parmi nous, dit ce dernier, nous sommes de pauvres gens craignant Dieu.

Puis le nègre ajouta, leur offrant ses provisions : « Le sultan est parmi vous ! gardez le souvenir de mes paroles, le règne des Turcs va finir. »

Cette légende courait le pays, quand un des plus vénérés personnages

gré l'orgueil qu'il ressentait de cette marque éclatante de distinction donnée à son fils ; mais le lendemain, 22 novembre 1832, sollicité avec plus d'instance que jamais, il fit approcher son fils.

— Si tu étais appelé à commander aux Arabes, comment gouvernerais-tu ?

— Le livre de la Loi à la main, et si la Loi me l'ordonnait, je ferais moi-même une saignée derrière le cou de mon frère.

A ces paroles, véritable profession de foi à laquelle Abd el Kader n'a jamais menti, le vieillard sortit de sa tente et présentant son fils à la foule assemblée :

« Voici, dit-il, le sultan annoncé par le Prophète : c'est le fils de Zohra. Obéissez-lui comme vous m'obéissez à moi-même. Que Dieu vienne en aide au Sultan ! »

Ces mots furent couverts d'une immense acclamation. Abd el Kader s'élança à cheval et aussitôt une foule délirante se précipita vers lui embrassant ses mains, ses étriers, ses vêtements, et répétant mille fois le cri de Mahhi ed Din : « Allah insor es Soultan ! » que Dieu vienne en aide au Sultan !

Abd el Kader avait alors 24 ans. Il prit le titre d'émir (prince) au lieu de celui de sultan, sous lequel il avait été acclamé, par une délicate déférence pour l'empereur du Maroc.

---

des Hachems, Si el Arach, vint lui donner une nouvelle force. Un trône resplendissant lui était apparu en songe, une nuit.

— Pour qui est ce trône, avait-il demandé émerveillé ?

— Pour Mouley el hadj Adb el Kader ould Mahhi ed Din, lui fut-il répondu !

Quand Si el Arach avait raconté ce songe, un peuple ami du merveilleux comme celui auquel il s'adressait ne pouvait manquer de ratifier la prophétie.

CHAPITRE III

Débuts politiques et militaires.

La puissance d'Abd el Kader était au fond bien précaire ; nommé par trois tribus seulement, sans argent, le nerf de la guerre (le nouveau sultan possédait, au moment de sa proclamation, une somme de 2 boudjcuss (3 fr. 50) attachée dans le pan de son burnous); il allait avoir à faire face aux dépenses d'un gouvernement régulier et à triompher de la résistance des chefs rivaux qui se disputaient alors la province d'Oran.

Comment parvint-il à surmonter tous les obstacles et à pouvoir soutenir, pendant quinze ans, une guerre presque continuelle contre une grande puissance, qu'il força, à certain moment, de porter son armée d'Afrique au chiffre à peine croyable de 106.000 hommes...? Nous allons le voir.

De nombreuses influences rivales se partagent le pays ; à l'*ouest*, Ben Nouna gouverne Tlemcen, avec le titre de lieutenant du sultan du Maroc ; le *nord* et tout le voisinage d'Oran obéissent à Moustapha ben Ismaïl et à son neveu El Mézari, anciens chefs du Makhzen turc (1) ; à l'*est* et sur le territoire qui avoisine le Chélif, gouverne Sy el Aribi ; au *sud* c'est la grande tribu des Angads avec son cheik El Ghomery ; le *centre* obéit à l'influence amie de Mahhi ed Din ; enfin Mascara s'est érigée en une sorte de république

---

(1) Nom générique des contingents des tribus chargées de maintenir l'ordre sous l'administration turque. On désignait aussi ces contingents sous le nom de Douairs, à l'ouest et de Aïnas à l'est.

et se gouverne au moyen d'une djemma (conseil) prise parmi les notables de la ville.

Toutefois Mascara ne tarda pas à reconnaître le nouveau sultan et celui-ci a, dès lors, une capitale dont il s'empresse de prendre possession. C'est du haut de la chaire sacrée (Khotba) de la mosquée de cette ville, que son premier soin est de prêcher la Guerre Sainte (Djehâd).

Il avait compris qu'il devait chercher son appui dans les masses et que le cri le plus sûr d'être entendu et d'être aveuglément suivi par ces foules mystiques et profondément religieuses, était l'appel à la haine et à la guerre contre les chrétiens, souillant de leur présence la terre musulmane. Son discours, d'ailleurs, fut des plus habiles ; à côté de l'insulte qui constitue pour les croyants la présence des Français sur leur sol, il insiste sur l'impuissance des envahisseurs (impuissance qu'eux-mêmes semblent reconnaître en se renfermant timidement entre les murs d'Oran) et affirme qu'il suffira d'un énergique effort pour les chasser. Mais pour atteindre ce résultat, trêve aux dissensions et aux discordes intestines; la cause sacrée doit primer toutes les haines, tous les intérêts particuliers. « D'ailleurs, ajoute-t-il, si j'ai accepté le pouvoir, c'est pour avoir le droit de marcher le premier et de vous conduire dans les combats de Dieu. J'y suis prêt; mais je suis prêt aussi à me ranger sous la loi de tout autre chef que vous jugeriez plus digne et plus apte que moi de vous commander, pourvu qu'il s'engage à prendre en mains la cause de notre foi. »

En se faisant le champion du Djehâd (1), Abd el Kader prenait le pas sur tous ses compétiteurs et mettait de son côté tout le parti religieux, tous les marabouts, toutes ces confréries secrètes connues sous le nom de Khouâns et dont les ramifications couvrent l'Algérie et le Maroc.

(1) De la Guerre Sainte.

De la mosquée, Abd el Kader se rend, suivi des acclamations de la foule, à la hakouma (maison du gouvernement), d'où il écrit aux divers chefs de la province, leur donnant rendez-vous sous les murs d'Oran pour les premiers jours de janvier 1831.

Pas un ne se présenta, et, réduit à ses seules ressources (1.600 cavaliers environ), Abd el Kader est repoussé; mais son but n'en est pas moins atteint, car cette attaque l'a consacré porte-drapeau du Djehàd. En se retirant, l'Emir laisse les Garabas autour de la ville, avec mission de la tenir étroitement bloquée et de passer par les armes quiconque tenterait d'y introduire des vivres.

Si les chefs arabes n'avaient pas conduit leurs contingents à l'appel d'Abd el Kader, ils avaient tous répondu à sa lettre et tous refusaient de marcher sous ses ordres.

La situation d'Abd el Kader était difficile, mais il ne désespéra pas. Faisant aussitôt passer la lutte contre les chrétiens au second plan de ses projets, il se retourna contre ses rivaux et tout d'abord contre le plus puissant et le plus dangereux d'entre eux, Sy el Aribi, et s'avança jusque dans l'Ouarsenis. L'expédition ne fut pas heureuse et l'Emir dut rétrograder devant la fière attitude de ces montagnards. En outre, il put se rendre compte que cette expédition dans l'est avait quelque peu refroidi le zèle de ses partisans : « Eh quoi! disait-on, lui qui avait proclamé la Guerre Sainte, allait-il maintenant faire la guerre aux tribus? Obéissait-il, comme les autres, à un intérêt personnel? »

Pour dissiper cette fâcheuse impression et donner satisfaction aux marabouts et aux Khouâns, il se décida, bien à regret, à une seconde expédition contre Oran. C'est dans sa marche vers l'ouest qu'il fit enlever le kaddi d'Arzew, Si Ahmed ben Tahar, son ancien précepteur. Celui-ci convaincu, malgré les avis et les menaces qui ne lui avaient pas manqué, d'avoir ravitaillé les troupes françaises qui occupaient Oran, fut jugé, condamné à mort et exécuté à

Mascara. Cette exécution, ordonnée par le vieux Mahhi ed Din qui crut nécessaire de faire un exemple, fut accompagnée, dit-on, d'actes de barbarie révoltants (l'un des bourreaux aurait arraché les yeux du malheureux kaddi avec la pointe d'un éperon) et a été souvent reprochée à Abd el Kader; la vérité est qu'il voulait sauver la vie à son ancien maître et que Mahhi ed Din profita, pour faire exécuter Si Ahmed, de l'absence d'Abd el Kader, qui faisait alors sa deuxième démonstration sur Oran.

Cette démonstration, toute insignifiante, se borna à l'échange de quelques coups de fusil avec nos avant-postes.

En résumé, les débuts d'Abd el Kader, aussi bien dans ses entreprises contre les chrétiens que contre ses rivaux, n'avaient pas été heureux et son pouvoir était encore bien loin d'être assis d'une façon même suffisante dans la province.

Hélas! c'était aux Français eux-mêmes qu'il était réservé d'établir et de développer l'autorité, jusqu'alors illusoire, de celui qui devait les tenir si longtemps en échec.

1831-1832. — Au général Damrémont avait succédé à Oran, en avril 1831, le général de Faudouas. A son tour, celui-ci fut remplacé, le 19 septembre 1831, par le général Boyer, surnommé le « Cruel », pour certains actes peut-être nécessaires en la situation, mais d'une sévérité quelque peu outrée. Le général Boyer, qui ne fit jamais sortir ses troupes hors d'Oran, exercait un pouvoir indépendant du général en chef et correspondait directement avec le ministre de la guerre, ce qui avait donné lieu à maintes réclamations du duc de Rovigo. Il y fut enfin fait droit et, le 23 avril 1833, le général Desmichels venait remplacer à Oran le général Boyer.

Loin d'imiter l'inaction de son prédécesseur, le général Desmichels, voyant tout de suite le parti qu'il pouvait tirer de la situation indécise — disons le mot, difficile — d'Abd el Kader, résolut de prendre une offensive dont les premiers résultats furent l'occupation d'Arzew et de Mostaganem.

1833. — L'année 1833 vit toute une série d'engagements parmi lequels citons l'attaque d'Abd el Kader contre Mostaganem, qui fut un moment en danger. On vit les soldats de l'Emir, qui manquaient de canons, saper à coups de pioche et à découvert les murs de la ville. C'est dire l'influence du chef qui les commandait sur de pareilles troupes !

Dans le courant de cette même année, Abd el Kader s'était emparé, sur Ben Nouna, de la ville de Tlemcen et avait maintenant deux points d'appui : Mascara et Tlemcen.

Vers cette époque également s'éteignit le vieux Mahhi ed Din, vérifiant encore une prophétie qui lui avait été faite à Bagdad et qu'il avait rappelée au moment de la proclamation de son fils comme sultan : « Ton fils ou toi, lui avait dit l'oracle, devez être sultan des Arabes. Si tu acceptes le pouvoir, ton fils mourra ; si tu l'acceptes pour lui, tu mourras bientôt. »

CHAPITRE IV

Traité Desmichels.

Le 6 août 1833, le général Desmichels avait opéré, sur la tribu des Zmélas, une razzia au cours de laquelle un certain nombre de femmes et d'enfants étaient tombés en son pouvoir. Pour rentrer en possession des leurs, les Zmélas n'hésitèrent pas à s'engager envers le général français à renoncer à obéir à Abd el Kader et à venir s'établir sous Oran, à Misserghin.

D'un autre côté, la tribu des Douairs, une des fractions les plus importantes avec les Zmélas, de l'ancien Maghzen turc, fréquentait assidûment le marché d'Oran, malgré la terrible défense d'Abd el Kader, et ravitaillait la garnison française.

C'étaient deux coups terribles portés à la puissance de l'Emir, et qu'il ne pouvait songer à réparer par la force. Comment faire ? Il dépêche vers ces deux tribus des marabouts influents qui leur reprochent amèrement leurs rapports avec les oppresseurs de la religion ; à l'une, ils représentent combien sa soumission aux chrétiens est avilissante pour des musulmans : à l'autre, ils reprochent de compromettre, par une soif impie de lucre, l'issue de la bonne cause, de la Guerre Sainte. Le succès des marabouts fut complet : les Douairs cessent aussitôt tous rapports commerciaux avec Oran, et les Zmélas quittent les cantonnements de Misserghin.

Abd el Kader tire, en outre, de l'événement une double et utile leçon : il a vu, d'une part, le peu de fond que l'on peut faire sur la parole des Arabes et se convainct, d'un autre côté, que les Français bloqués dans Oran ne demandent qu'à trouver un allié ; il le sera, pour qu'un autre ne le devance et ne vienne balancer son autorité dans la province ; et, comme sa foi religieuse ne lui permet pas d'offrir la paix aux chrétiens, il faut qu'il les amène à la lui proposer.

L'ardeur belliqueuse qui animait le général Desmichels à son arrivée semblait l'avoir quitté ou du moins s'être considérablement refroidie ; lui aussi aspirait après la paix, qui ne se trouvait plus ainsi subordonnée qu'à la première occasion favorable. Elle ne tarda pas à se présenter.

Vers la fin du mois d'octobre 1833, un cheik de la tribu des Bordjias, Kaddour Tubben, qui entretenait des relations commerciales avec la garnison d'Arzew, feint de craindre la vengeance des partisans d'Abd el Kader et demande au commandant de la place de lui donner une escorte pour l'accompagner. Cette faveur lui fut accordée et l'escorte revint sans encombre. Au bout de quelques jours, même démarche de Kaddour Tubben et même condescendance de l'autorité française. L'escorte se composait d'un maréchal des logis et de quatre chasseurs d'Afrique. A peine ceux-ci, leur mission terminée, se mettaient-ils en route pour rejoindre leur poste, qu'ils étaient assaillis par une nuée d'Arabes ; un chasseur fut tué et les quatre autres furent faits prisonniers. Le guet-apens était certain. Kaddour Tubben (1) voulait ainsi se gagner les bonnes grâces d'Abd el Kader dont il avait enfreint la défense.

Le général Desmichels écrivit aussitôt à l'Emir pour lui demander, au nom de l'humanité, la mise en liberté des prisonniers (2). Cette lettre était une imprudence ; Abd el

---

(1) Se rallia plus tard à notre cause et devint un des plus fidèles partisans de l'autorité française.

(2) Voir l'appendice I.

Kader n'avait fait, en somme, qu'user des droits de la guerre et la partie était belle pour lui. Sa réponse ne se fit pas attendre ; le 30 octobre, il donnait une dure leçon au général Desmichels, en déclinant hautainement l'appel que celui-ci faisait à son humanité et en lui lançant un véritable défi : « Quand vous sortirez à deux ou trois journées d'Oran, disait-il en terminant, j'espère que nous nous verrons, et l'on saura enfin qui de nous deux doit rester maître du pays (1). »

Piqué au vif, le général Desmichels ne voulut pas rester sur le coup d'une pareille offense et, le 2 décembre, il sortait d'Oran à 6 heures du soir, avec 2.000 fantassins, 400 chasseurs, 2 batteries d'artillerie et 100 sapeurs du génie, pour se porter de nuit jusqu'au pied du petit Atlas, dans un endroit appelé Ténézouar, chez les Zmélas. Le combat fut des plus vifs et les deux partis s'attribuèrent chacun de son côté la victoire : les Français parce qu'ils avaient eu l'avantage dans l'attaque, tué ou mis hors de combat un certain nombre d'ennemis et fait prisonniers quelques femmes et enfants, qui furent, du reste, aussitôt relâchés ; les Arabes parce que, suivant l'adage militaire, ils couchaient sur le terrain, les Français s'étant aussitôt retirés pour rentrer à Oran.

Plus persuadé que personne qu'il venait de remporter un grand succès, le général Desmichels crut le moment favorable de faire à Abd el Kader de nouvelles ouvertures, au sujet de la mise en liberté de nos prisonniers et, deuxième imprudence, beaucoup plus grave que la première, il terminait cette lettre par une démarche très nette en faveur de la paix.

Abd el Kader était désormais le maître de la situation et pour mieux faire sentir au général Desmichels combien il avait conscience de sa force, il prit le parti de ne pas lui

(1) Voir l'appendice II.

répondre; mais il le fait circonvenir en même temps par deux juifs à sa solde, Bouchmak et Mardoché Amar, chargés de l'excuser secrètement, d'entretenir le général dans le désir qu'il venait de manifester et de l'amener à lui faire des propositions encore plus claires et plus catégoriques.

Le général Desmichels, on le croirait à peine si les faits n'étaient pas là irrésistiblement probants, donna dans le piège, et le 27 décembre, il écrivait de nouveau à l'Emir une lettre (1), cette fois on ne peut plus claire. Abd el Kader avait enfin obtenu la démarche précise à laquelle il tenait tant et fit savoir (2) aussitôt au général qu'il était prêt à entrer en pourparlers avec lui; il envoyait en même temps auprès de lui deux de ses lieutenants, Miloud ben Arach et Ould Mahmoud pour conférer en dehors d'Oran, avec Mardochée Amar (c'est lui-même qui le désignait dans sa lettre) représentant le général!

1834. — Le général Desmichels avait rendu compte de cette correspondance au gouvernement en lui demandant l'autorisation de traiter avec Abd el Kader, et cette autorisation avait été accordée aux conditions suivantes:

1° Abd el Kader reconnaissait l'autorité de la France, prêtait « foi et hommage » au roi des Français et payait un tribut annuel;

2° La France reconnaissait Abd el Kader comme bey, investi par le roi du commandement d'un certain nombre de tribus;

3° Tous les objets nécessaires aux Arabes ou vendus par eux devaient être importés ou exportés par le port d'Oran;

4° L'Emir s'engageait à acheter exclusivement en France les armes et les munitions de guerre;

5° Des agents français seraient détachés auprès du bey

---

(1) Voir l'appendice III.

(2) Voir l'appendice IV

pour servir d'intermédiaires entre les commandants de la province et lui.

Mais, pendant que la sage lenteur des bureaux élaborait ces instructions à Paris, les événements marchaient à une toute autre allure dans la province d'Oran.

Dans la conférence, où les envoyés d'Abd el Kader s'étaient abouchés avec le juif indigène auquel était confié l'honneur de représenter la France et que les officiers de l'état-major de la division avaient accompagné, la rougeur et la honte au front, il ne fut question que des propositions du général Desmichels; de celles de l'Emir, point. Les envoyés d'Abd el Kader s'en retournèrent auprès de lui pour lui faire connaître le résultat de leur mission. Ce résultat devait être du goût du Prince des Croyants, car vingt jours après cette première conférence, qui avait eu lieu le 4 février 1834, Ben-Arach revenait et, cette fois, entrait à Oran. Le 26 février il eut avec le général Desmichels une entrevue à l'issue de laquelle le général apposait sa signature au bas du trop célèbre traité (1) qui porte son nom, et qui était rédigé en six articles sur deux colonnes, d'un côté le texte arabe, de l'autre le texte français.

Ce traité, avec ses ambiguités voulues, ses différences entre les deux textes arabe et français, était une duperie manifeste et laissait la porte ouverte aux interprétations les plus diverses; l'esprit de chicane des Arabes ne devait pas manquer d'en tirer parti. En outre, l'Emir voyait sa puissance reconnue, consacrée, et traitait d'égal à égal avec le général Desmichels, c'est-à-dire avec le Roi des Français, puisque le traité devait recevoir la sanction du chef de l'Etat.

Aucun compte n'y est tenu des instructions que le général a reçues de son gouvernement, aucune mention n'y est faite de la reconnaissance de la souveraineté de la France,

---

(1) Voir l'appendice V.

aucune limite n'est tracée au pouvoir de l'Emir, il n'est question ni d'otages, ni de tribut. La France, en se réservant Oran, Mostaganem et Arzew, semble abandonner le reste de la province à l'Emir, même la partie de la province d'Alger que nous n'occupons pas encore et les Arabes n'auraient garde d'élever un jour cette prétention, d'ailleurs parfaitement soutenable.

Le général Desmichels croyait cependant à un immense succès diplomatique et le jour même du traité, il télégraphiait (26 février 1834) au gouvernement : « Je vous annonce la soumission de la province d'Oran, la plus considérable et la plus belliqueuse de la Régence. Ce grand événement est la conséquence des avantages qui ont été remportés par les troupes de la division. »

Il n'y avait pas lieu vraiment à une aussi glorieuse fanfare et l'accueil que trouva le traité, lorsqu'il parvint à Paris, fut des plus froids.

Mais, comme si le fond de cette funeste convention, qui fut la véritable origine de la puissance d'Abd el Kader, ne constituait pas une faute assez grande, sa forme elle-même devait donner lieu à d'étranges complications.

A la première conférence, le 4 février, les envoyés du général Desmichels avaient remis à ceux de l'Emir une note non signée, contenant les propositions du général. Dans l'esprit de ce dernier, cette note n'était qu'une simple énonciation, très sommaire, des conditions à discuter et nullement un traité. Abd el Kader y avait vu, lui, une portion de traité, le traité complet devant se composer, dans sa pensée, de deux contrats unilatéraux. En conséquence, en envoyant Ben Arach, à Oran, le 25 février, il lui remit revêtue de son cachet et, partant, de son approbation, la note du général Desmichels, mais avec l'ordre formel de ne la livrer au général qu'après que ce dernier aurait approuvé une note parallèle à la première, et indiquant les conditions mises par Abd el Kader à la conclusion de la paix. Cette note contenait quatre articles dont le deuxième spécifiait : « Le commerce de la Mersa (Arzew) sera sous le gouvernement du Prince des Croyants, comme par le passé et pour toutes les affaires. Les cargaisons ne se feront pas ailleurs que dans ce port. Quant à Mostaganem et à Oran, ils ne recevront que les marchandises nécessaires aux besoins de leurs habitants et personne ne pourra s'y opposer. Ceux qui désireront charger des marchandises devront se rendre à la Mersa. »

Le général Desmichels comprit-il toute la portée de cet article ou parvint-on à la lui dissimuler? Toujours est-il qu'il ne fit aucune difficulté d'apposer son cachet sur la note de Ben Arach, et celui-ci lui remit aussitôt la première note dont il était porteur et où se trouvait le cachet de l'Emir.

Dans l'esprit du général, la note d'Abd el Kader, comme celle qu'il avait rédigée d'abord, n'était qu'un préliminaire. Il proposa donc à Ben Arach une rédaction nouvelle et plus correcte du traité qui renfermait les conditions de la France. Ben Arach y consentit bien volontiers, dès le moment qu'il avait entre les mains, revêtue du cachet du général, la note contenant les conditions de son maître. Cette nouvelle rédaction, ratifiée par l'Emir, devint le traité du 26 février. Le général Desmichels croyait de bonne foi n'être engagé que par le seul traité revêtu de sa signature; et de son côté, de non moins bonne foi, Abd el Kader crut le général engagé, suivant l'usage arabe, par l'apposition de son cachet au bas de la note de Ben Arach. Voulant même imiter l'exemple du général et établir une homogénéité parfaite entre les pièces échangées, Abd el Kader se borna, lorsque la nouvelle rédaction de ce qu'il croyait être la moitié du traité, fut soumise à sa ratification, à y mettre son cachet, sans signature. C'est ce dernier acte qui fut seul connu et approuvé par le gouvernement.

Par une sorte de fatalité, le gouvernement qui répugnait à reconnaître à Abd el Kader l'importance que lui donnait ce traité, au lieu de suivre les règles habituelles pour sa ratification, se borna à autoriser le général Desmichels à faire connaître par écrit, à l'Emir, que le roi avait approuvé le traité. Mais l'interprète qui fut chargé d'écrire la lettre, ne se rendant pas compte de l'importance des mots dans la circonstance, se servit dans ses traductions du mot chérouth (pluriel de chart, traité) de telle sorte qu'Abd el Kader crut que le roi avait approuvé *les traités.*

Des difficultés étaient inévitables. Ainsi, pendant que l'Emir, confiant dans l'article 2 de la note qu'il possédait, se croyait le droit d'exercer le monopole des céréales par le port d'Arzew, et défendait aux Arabes de vendre leurs grains aux chrétiens, le commerce français se plaignait de ce monopole au général Desmichels qui croyait sincèrement ne pas l'avoir accordé et se trouvait dans la plus fâcheuse des situations. Il crut avoir trouvé une solution en décidant que l'autorisation ne s'appliquait qu'aux grains provenant des propriétés personnelles d'Abd el Kader, mais cette solution n'était qu'un leurre, et les complications n'eussent pas tardé à entrer dans une phase aiguë, si le jeune sultan n'avait pas été occupé par les événements de l'intérieur de la province dont nous allons parler.

Tel est dans son ensemble le traité Desmichels : un général français qui ne se croyait engagé que pour un seul traité ; un grand chef arabe, jugeant d'après ses mœurs et croyant ce général lié, comme lui-même, par deux traités se complétant l'un l'autre ; des deux côtés, égale et entière bonne foi, et c'est pour bien établir ce dernier point que nous nous sommes étendus si longuement sur le traité du 26 février 1834.

CHAPITRE V

Lutte contre les tribus.

Tranquille du côté des Français, Abd el Kader va avoir à réprimer l'agitation qui se manifeste contre lui parmi les Arabes de la province, et ce n'est pas de trop de toute sa liberté d'esprit et d'action pour y tenir tête. L'autorité du Moudjahed (combattant pour la Guerre Sainte) a été en effet singulièrement diminuée par son traité avec les Français.

Plus que tout autre, étrangement simpliste, le peuple arabe n'a pas deviné le secret de la politique d'Abd el Kader et ne voit dans son traité avec le général Desmichels qu'un acte de personnelle ambition.

Les Beni-Amers, une des trois tribus qui l'ont acclamé sultan, donnent l'exemple de la défection ; la paix étant faite avec les chrétiens, ils en prennent prétexte pour refuser le paiement de l'impôt, « n'ayant plus, disent-ils, à pourvoir aux frais de la guerre ».

Cet acte de désobéissance doit être promptement, immédiatement réprimé, car là surtout l'exemple est contagieux, et Abd el Kader envoie aussitôt contre les révoltés un de ses lieutenants, le vieux Moustapha ben Ismaïl, à la tête des Douairs et des Zmélas. C'est à regret cependant qu'Abd el Kader va verser le sang des siens, d'une des tribus surtout qui ont le plus contribué à son élévation, et, apprenant que quelques-uns des chefs des Beni-Amers se trouvent en ce moment à Mascara, il accourt aussitôt vers eux. Il n'a pas de peine à les convaincre que l'impôt exigé n'est pas une contribution pour lui, mais le seul moyen de faire le bien, d'empêcher le mal; en un mot, un dépôt, dont il ne doit se servir que dans l'intérêt de tous.

Les chefs des Beni-Amers s'engagent pour leur tribu à payer désormais l'impôt, et l'Emir n'a plus qu'à dépêcher un messager vers Moustapha ben Ismaïl pour l'informer que sa mission de répression est devenue sans objet. Mais les hostilités étaient déjà commencées et Moustapha qui satisfaisait, du reste, une vieille rancune personnelle contre les Beni-Amers, refuse d'obéir et continue la lutte. Pensant qu'il n'y a là qu'un malentendu, Abd el Kader se rend aussitôt en personne auprès de son lieutenant, mais, au lieu d'un docile subordonné, il trouve un soldat à barbe blanche, heureux de l'occasion de secouer le joug de celui qu'il appelle dédaigneusement un enfant, et qui se met en révolte ouverte contre lui. Ainsi les Beni-Amers, ses ennemis de la veille, sont devenus pour l'Emir ses auxiliaires d'aujourd'hui, et se rangent sous son étendard pour combattre celui qu'il avait envoyé les châtier. La lutte est des plus chaudes entre le chef et son lieutenant; elle se termine par la victoire complète du second et la retraite précipitée du premier qui échappe à grand'peine à son ennemi et rentre presque seul à Mascara.

A ce moment, les tribus restées incertaines jusque-là, courent se ranger sous les ordres de Moustapha tandis qu'à l'est, Sy el Aribi lève de son côté des contingents, et qu'au sud, le cheik El Ghomari qui commande à l'importante tribu des Angads, se met aussi en campagne. La situation de l'Emir était excessivement critique, mais avec son indomptable énergie, sa foi en la mission sacrée qu'il s'est donnée, il n'éprouve pas un instant de défaillance et se prépare à faire face au danger.

Ces dissensions intestines, dont le résultat, quel qu'il fût, ne pouvait qu'être favorable à la France, offraient au général Desmichels une occasion unique, incomparable, d'imposer la revision du traité du 26 février dans ce qu'il avait de préjudiciable pour nous et qu'il connaissait bien. Mais par une sorte d'aberration que l'on ne s'explique pas, il persistait à préférer avoir en sa présence un chef unique, qu'il se croyait capable de maintenir et d'écraser à la première incartade. Sa longue carrière ne lui avait pas appris qu'il valait cent fois mieux laisser subsister deux ou trois chefs ennemi dont la puissance se ferait équilibre; qu'il tenait, par la force même des choses, le régulateur de cette puissance et qu'il pourrait, à son gré, faire pencher la balance de tel côté que l'exigeraient les intérêts de son pays. Poussant jusqu'au bout son funeste aveuglement, il ne pense qu'à assurer le triomphe d'Abd el Kader et lui fait conseiller par notre représentant à Mascara, le commandant Abdallah d'Asbonne, un ancien mameluk de l'armée d'Egypte, d'organiser une infanterie régulière. L'Emir, auquel nos bataillons avaient déjà appris les avantages de l'effort collectif sur les efforts individuels, accueillit le conseil avec empressement. Et le général Desmichels, heureux de rencontrer une pareille docilité à ses avis, fait immédiatement suivre ceux-ci de 500 quintaux de poudre, de 400 fusils et d'instructeurs !

Il était écrit que le général Desmichels devait se faire battre jusqu'au bout par ses propres armes.

Quelque rudimentaire que fût l'instruction de ces bataillons réguliers, quelle que fût la distance qui séparait cette organisation primitive de l'organisation si minutieuse, si accomplie dans tous ses détails de nos bataillons français, leur supériorité sur les bandes incohérentes, souvent indisciplinées, qu'ils avaient en présence, se fit bientôt sentir.

Moustapha, justement surpris de voir la France faire sienne la cause d'Abd el Kader, envoie un homme de confiance, Bocada, au général Desmichels pour le prier de rester neutre. Mais le général, loin d'adhérer à ce désir, proclame son intention bien arrêtée d'aider son allié par tous les moyens en son pouvoir et, joignant les actes aux paroles, sort d'Oran et va s'établir dans une position d'où il menace les Douairs. C'était cette tribu qui avait rompu jadis le blocus d'Oran, malgré la défense d'Abd el Kader, et avait ravitaillé nos troupes!

Protégé contre Moustapha par le général Desmichels, l'Emir a ses coudées franches pour la lutte avec ses autres adversaires. Il tombe sur les tribus de Sy el Aribi et de Kaddour ben Mokhfi, et les brise, grâce surtout à son bataillon de réguliers. Les révoltés font leur soumission et s'engagent à payer l'impôt.

Ce succès ranime la confiance un moment ébranlée des troupes d'Abd el Kader qui, sans perdre de temps, se retourne contre Moustapha. Il le rencontra le 12 juillet 1834, près de Mahraz, et le combat fut des plus meurtriers. Moustapha fut blessé, mais aucun parti plutôt que l'autre ne pouvait s'attribuer la victoire. Abd el Kader fit faire des propositions de paix à Moustapha; celui-ci les accueillit et renvoya même à l'Emir, comme gage de réconciliation, le cheval qu'il montait dans le dernier combat, mais il ajourna la demande d'entrevue qui lui était faite.

Sy el Aribi défait, Moustapha presque soumis, Abd el Kader se porte sur Tlemcen où ses premiers revers avaient fait naître des intrigues. Celles-ci s'arrêtent aussitôt et la ville reconnaît son pouvoir à l'exception du Méchouar (citadelle) où se sont retirés les Koulouglis (1).

C'est dans les environs de Tlemcen qu'eut lieu l'entrevue, arrêtée après le combat de Mahraz, entre l'Emir et le vieux chef du Maghzen. Que se passa-t-il entre ces deux hommes? On ne sait au juste, mais au bout de quelques minutes on vit Moustapha sortir de la tente d'Abd el Kader, en proie à la plus vive émotion. D'aucuns disent que le

(1) Fils de Turcs et de femmes indigènes, tenus dans un certain état d'infériorité par les Turcs, à cause de la mésalliance dont ils étaient nés, mais jouissant néanmoins de certaines prérogatives.

vieux chef, indigné d'un manque d'égards de son hôte, se serait retiré en jurant que sa tête blanchie ne s'inclinerait jamais devant un enfant. Toujours est-il que Moustapha se rendant immédiatement à son camp, faisait ses adieux à ses compagnons d'armes, puis courait s'enfermer dans le Méchouar de Tlemcen.

Ah! si les divers généraux qui se succédaient depuis quatre ans sur la terre algérienne, connaissant mieux les peuples qu'ils étaient appelés à combattre, avaient conservé les chefs de la puissance turque, et les principes de son administration, du moins jusqu'à ce qu'ils fussent assez instruits des précédents du pays et assez forts pour se passer de leurs prédécesseurs, la guerre eût été bien abrégée et peut-être même n'y eût-il pas eu de guerre dans la véritable acception du mot! Mais du général Desmichels au général Bugeaud, tous semblaient conspirer à l'élévation de l'Emir, c'est-à-dire de notre ennemi (1).

Le neveu de Moustapha (2) (et son successeur dans le commandement des Douairs) aida d'abord Abd el Kader à triompher d'El Ghomari, le chef des Angads, et, ensemble, ils le forcent à faire sa soumission. Mais bientôt, pris de remords ou cédant peut-être à des sollicitations, El Mézari part de Mascara pour aller rejoindre son oncle dans le Méchouar. Poursuivi, il parvient à se cacher quelque temps dans une caverne; chassé de ce refuge par la faim, il est pris et les papiers trouvés sur lui établissant ses relations avec Moustapha, il est renvoyé comme traître devant un tribunal d'oulémas, condamné à mort et exécuté.

Ainsi des trois plus puissants ennemis d'Abd el Kader, l'un est mort, El Mézari; l'autre, Moustapha, est bloqué dans une forteresse; le troisième, Sy el Aribi, battu une

---

(1) Nous exprimons là moins notre bien modeste appréciation que celle de la plupart des écrivains que nous avons consultés, que celle tombée du haut de la tribune du Parlement.

(2) El Mézari.

première fois près d'El Bordj et une deuxième sur les bords de la Mina, abandonné de ses partisans, est forcé de se soumettre et, mis en prison, y meurt du choléra au bout de quatre mois de captivité.

Désormais, à l'exception du Méchouar de Tlemcen et des trois villes d'Oran, de Mostaganem et d'Arzew que nous occupons, Abd el Kader est le maître souverain et incontesté de toute la province d'Oran, du Sahara à la mer et du Chélif au Maroc. Le but du général Desmichels est pleinement atteint : aux événements de justifier sa politique et de montrer si, comme il le supposait, il n'a qu'à détourner de l'Emir la main qui a fait sa puissance, pour voir aussitôt celle-ci s'écrouler.

CHAPITRE VI

Organisation. Occupation de Médéah.

1835. — Le premier soin d'Abd el Kader est d'asseoir sa puissance dans la province qui lui obéit. Pour cela il a à créer : *une armée régulière* destinée à maintenir, à fortifier, à étendre son autorité ; *un gouvernement* (qui faisait absolument défaut), pour l'exécution de ses ordres ; pour l'administration de la justice, la perception des impôts, etc. L'armée, c'est lui-même qui l'organisera, l'instruira, la perfectionnera. Quant au gouvernement, il lui faut une organisation toute simple, nettement hiérarchisée, n'offrant aucune difficulté à la compréhension de son peuple. Il adopte trois grandes divisions :

Au sommet, les *khalifahs*, grands chefs indigènes qui recevront ses ordres et seront chargés de l'administration et du commandement de grandes étendues de territoires. Il crée deux khalifaliks : à l'ouest, celui de Tlemcen, avec cinq aghaliks ou groupes de tribus, commandé par Bou Hamedi ; à l'est, celui de Mascara, avec sept aghaliks et son beau-frère Moustapha ben Thami comme chef ;

Au dessous des khalifahs sont les aghas, chefs d'un certain nombre de tribus ;

Au troisième et dernier échelon de cette organisation, les chefs de tribus ou *kaïds*.

Tous ces chefs sont, bien entendu, des administrateurs en temps de paix et des chefs militaires en temps de guerre.

Quelques semaines après sa création, cette administration fonctionnait très régulièrement et les résultats en étaient tels « qu'une jeune fille pouvait sans crainte parcourir le pays avec une couronne d'or sur la tête », disaient pittoresquement les Arabes, faisant ainsi allusion au peu de sécurité que les routes offraient naguère.

La province d'Alger apprit bientôt qu'un chef véritablement digne de ce nom, venait de rétablir l'ordre et la paix dans la province d'Oran, et, comme elle était tombée dans un état d'anarchie qui n'avait rien à envier à celui où se débattait sa voisine de l'ouest, au moment de l'élection d'Abd el Kader, elle fit offrir à ce dernier le pouvoir sur le Tittery (1).

Sur ces entrefaites, un nouveau gouverneur, le général comte de Drouet d'Erlon, venait d'être envoyé à Alger avec pleine autorité sur le commandement de la province d'Oran. La dualité des pouvoirs n'avait été jusque là qu'une source de tiraillements et de difficultés, dont l'effet le plus direct tournait contre nous. L'Emir saisit avec empressement cette occasion de sonder le représentant du gouvernement français, au sujet des propositions qu'il avait reçues des tribus du Tittery. Ces propositions flattaient considérablement son orgueil, mais il avait dû se borner à y faire une réponse évasive, n'étant pas sûr de la façon dont la France envisagerait cette extension considérable de puissance. Il envoie donc son confident Ben Arach, l'heureux négociateur du traité Desmichels, porter ses félicitations au nouveau gouverneur. Il lui fait en même temps demander ses vues sur la manière d'établir la tranquillité, depuis Tlemcen et Mascara *jusqu'à Médéah et les environs d'Alger,* aussi bien sur les plages que dans l'intérieur du pays. A vrai dire, il pouvait parfaitement poser cette question avec toutes les apparences d'une entière bonne foi, puisque son traité ne parlait nullement de limites.

La réponse du gouverneur ne laissait percer que le vif

(1) Voir, chapitre X, traité de la Tafna.

désir d'un homme qui, obéissant sans doute aux instructions de son gouvernement, voulait à tout prix vivre en paix avec Abd el Kader. Des prétentions de celui-ci, pas un mot. Ce silence n'était pas sans doute un acquiescement mais ce n'était pas non plus une défense, et Abd el Kader obéissant, du reste, aux conseils du général Desmichels, allait certainement l'interpréter dans le sens du proverbe, qui répondait si bien à ses désirs, quand le choléra se mit dans son armée.

En attendant des jours meilleurs et pour utiliser les loisirs que lui faisait le fléau, Abd el Kader fait porter au gouverneur, par le juif Ben Durand (1), une copie de la pièce revêtue du cachet du général Desmichels, pièce qu'il s'obstinait à considérer comme traité véritable et à laquelle le commandant de la province d'Oran déniait, au contraire, toute validité. Ben Durand avait également la mission de demander au général Drouet d'Erlon, les coins de la régence, l'Emir voulant, en véritable souverain, frapper monnaie.

A la communication du traité, le gouverneur répondit en sollicitant du gouvernement le rappel immédiat du général Desmichels. Quant à la demande des coins, elle l'indisposa fort, et, lorsque quelque temps plus tard, vers la fin de décembre 1834, l'Emir lui fit part de nouveau de son désir d'accueillir les sollicitations des habitants de Médéah, il lui répondit sans ambages : qu'il désapprouvait formellement toutes prétentions, aussi bien sur la province de Tittery que sur celle de Constantine ; que le général Desmichels n'ayant jamais eu de pouvoirs que dans la province d'Oran, n'avait, par conséquent, rien pu stipuler des autres provinces.

Cette fière réponse, qui devait, hélas! être bientôt démen-

---

(1) Les Arabes disaient de lui : Les Français, séduits par la parole du juif, l'ont choisi pour intermédiaire entre eux et le sultan, afin de mieux tromper ce dernier ; mais le juif, que Dieu le maudisse ! les trompera tous les deux.

tie par les actes, et l'envoi à Oran du général Trézel, calmèrent momentanément les visées ambitieuses de l'Émir, préoccupé, du reste, dans le même instant, par des difficultés intérieures.

Quelques tribus, en effet, ne reconnaissant plus dans l'allié des chrétiens celui qu'elles avaient acclamé lorsqu'il prêchait la guerre sainte, refusaient de payer l'impôt.

Abd el Kader marchait contre ces tribus, établies le long du Chélif et sourdement excitées par le fils de Sy el Aribi, quand il apprit qu'un chérif du désert, El hadj Moussa, venait d'arriver à Médéah sur l'appel des habitants. Il franchit aussitôt le Chélif, et, à la tête de ses réguliers, il marche contre celui qui lui paraît un usurpateur. Pourquoi aurait-il hésité? Est-ce que le gouvernement français, qui s'était montré naguère si jaloux de son autorité, avait mis le moindre obstacle à cette prise de possession?... El hadj Moussa est complètement défait, perdant ses femmes et ses enfants, et Abd el Kader crée aussitôt deux nouveaux khalifahs : Mohamed el Berkani à Médéah et, à Milianah, El hadj Mahhi ed Din Es Seghir.

Et le général Drouet d'Erlon? Se déjugeant avec une désinvolture qu'on ne saurait apprécier trop sévèrement, il envoyait à Abd el Kader, dans la ville même qu'il venait d'occuper malgré sa défense, le capitaine Saint-Hyppolyte et Ben Durand avec des félicitations et des présents! Il est vrai que ces envoyés devaient aussi proposer à l'Émir la revision du traité Desmichels sur de nouvelles bases : 1° reconnaissance de la souveraineté de la France; 2° limitation du pouvoir d'Abd el Kader à la province d'Oran, bornée à l'est par le Chélif, depuis son embouchure jusqu'à son confluent avec l'oued Riou et par cette rivière, jusqu'à Godjïdah; 3° liberté entière du commerce; 4° paiement d'un tribu annuel; et 5° remise d'otages.

Abd el Kader, brusquement rappelé à Mascara par de nouvelles intrigues formées contre lui, feint de vouloir, autant que la France elle-même, la revision du traité du 26 février et, allèchant de cette promesse le capitaine Saint-Hippolyte, il l'entraîne avec lui dans la province d'Oran. D'habiles émissaires qui le précèdent ont prévenu les tribus et celles-ci accourent sur le passage de l'Emir, pour le voir accompagné d'un représentant de la France. Celle-ci, leur a-t-on dit, veut à tout prix l'amitié de l'Emir et le capitaine Saint-Hippolyte est rendu ainsi le témoin, durant tout le voyage, du prestige et de la puissance d'Abd el Kader, dont il orne, en quelque sorte, le triomphe. Dès son arrivée à Mascara, et son but étant maintenant rempli, l'Emir renvoie le capitaine auprès du gouverneur avec une note indiquant les conditions auxquelles il pourra traiter. Ces propositions étaient bien loin de celles du général Drouet d'Erlon : de la reconnaissance de la souveraineté de la France, il n'est pas question; de limitation de puissance, pas davantage; tout au contraire la main mise sur Médéah et Milianah est consacrée; l'Emir se réserve le droit d'acheter des armes et des munitions de guerre; enfin, il s'ouvre le chemin de Constantine.

Ces conditions, certes, Abd el Kader était bien loin de penser qu'elles pussent jamais être admises par la France; la réponse n'était vraisemblablement, dans son esprit, qu'un moyen plausible d'éloigner le capitaine Saint-Hippolyte. S'il avait été heureux, en effet, d'en faire le spectateur de l'enthousiasme préparé des tribus, au cours de son voyage de Médéah à sa capitale, il se sentait gêné par sa présence au moment de faire face aux difficultés qui avaient nécessité son retour.

Et cependant, chose incroyable, le général Drouet d'Erlon fit informer Abd el Kader qu'il se rendait à Oran pour entrer en pourparlers avec lui. Il y vint, en effet, et c'est grâce à la seule énergie du brave Trézel, qui avait une conception autrement haute que son chef de l'honneur de la France, que l'entrevue n'eut pas lieu.

Une fatalité, dont la démarche du général Drouet d'Erlon n'est malheureusement pas le dernier exemple, semble s'attacher à ceux de nos gouverneurs qui se sont trouvés en présence de l'Emir et leur dicter des actes qui révèlent une aberration complète ou une méconnaissance absolue de la dignité du pays qu'ils représentaient. C'est ainsi que nous aidâmes de nos propres mains à l'édification du pouvoir de notre plus mortel ennemi (1).

---

(1) Même observation qu'à la fin du chapitre précédent. On verra plus loin que sous la pression de l'opinion publique, le gouvernement finit enfin par tracer à ses réprésentants sur cette terre d'Afrique, une ligne de conduite ferme, et que ceux-ci l'appliquèrent avec autant d'énergie dans l'action, que de méthode dans la préparation et l'organisation.

CHAPITRE VII

La Macta.

Nous venons de voir qu'Abd el Kader avait dû quitter Médéah en toute hâte; des événements graves, qui venaient de se passer dans la province d'Oran, avaient motivé ce retour précipité.

Au commencement de 1835, les tribus des Douairs et des Zmélas firent offrir leur alliance au général Trézel en échange de sa protection. Le général était convaincu de la véracité du vieil adage : *divide ut imperes;* il savait que les Turcs n'avaient dominé si longtemps les Arabes qu'en semant, qu'en entretenant la division entre leurs chefs; il sentait la grosse faute commise par le général Desmichels en investissant l'Emir d'un pouvoir qui s'étendait sur toute la province; il voyait enfin tout le parti que la France pouvait tirer de l'alliance qui lui était proposée et en était chaudement partisan; mais ne croyant pas pouvoir assumer la responsabilité d'une décision, il soumit le cas au gouverneur.

Les choses étaient pendantes quand le gouverneur arriva à Oran, en juin 1835, pour se rencontrer avec Abd el Kader. Comme nous l'avons dit, l'entrevue n'eut pas lieu, mais en repartant pour Alger, le comte Drouet d'Erlon enjoignit à son subordonné d'ajourner toute décision et de se tenir dans une position qui lui permît plus tard d'accepter ou de repousser les offres des deux tribus, selon les circonstances.

Cependant, l'Emir, mis au courant de ces pourparlers, donna l'ordre aux deux tribus d'abandonner leurs cantonnements pour venir s'établir dans l'intérieur de la province et chargea l'agha El Mézari de faire exécuter cet ordre, au besoin par la force. Les Douairs et les Zmélas prennent ouvertement le parti de se jeter dans les bras de la France et envoient de nouveau des députés au général Trézel pour lui faire connaître leur intention de se rapprocher d'Oran et leur désir de le voir appuyer leur mouvement.

Le général sort aussitôt d'Oran, va s'établir à Misserghin, dans une position d'où il couvre les deux tribus auxquelles il fait connaître qu'il leur accorde sa protection et signe avec elles la *convention du camp du Figuier*, le 16 juin 1835 (1).

Cette convention était la rupture du traité du 26 février 1834 (2), tout au moins du projet de traité sur lequel le général Desmichels avait apposé son cachet et qu'Abd el Kader considérait comme le traité véritable. Son importance était capitale. Deux des plus grandes tribus de la province étaient arrachées à la puissance de l'Emir, reconnaissaient l'autorité de la France et s'engageaient à payer un tribut; enfin c'était la conclusion d'une alliance offensive et défensive contre l'Emir.

Le général Trézel rend compte aussitôt au gouverneur; il lui fait un exposé sincère de la situation, des motifs qui lui ont fait prendre ce parti et de l'impossibilité où il se trouvait, sans faillir à l'honneur, de se désintéresser des malheureux qui ont fait appel à sa loyauté. Il essaie en même temps de soustraire le général Drouet d'Erlon à la pernicieuse influence du consul d'Abd el Kader à Alger, le trop fameux Ben Durand, et terminait sa lettre par ces fières paroles : « Je n'aurais pas le courage d'accepter, même la responsabilité d'exécution d'un ordre de retraite; et si les instructions formelles du cabinet pouvaient obliger un de nos plus anciens et de nos plus glorieux chefs à

(1) Voir l'appendice VI.

(2) Le traité Desmichels.

le donner, je vous prierais de me le faire transmettre par mon successeur. »

Il écrivit aussi à Abd el Kader et, tout en lui exprimant son vif désir de respecter le traité du 26 février — celui qu'avait ratifié le gouvernement français — il affirmait résolument son intention de protéger les Douairs et les Zmélas. La réponse qu'il reçut bientôt affirmait non moins résolument la volonté de l'Emir de s'en tenir à son traité à lui, et son pouvoir sur deux tribus qu'il considérait comme faisant partie de son peuple. La situation, on le voit, était excessivement tendue : la poudre allait parler et régler le litige.

Les hostilités commencèrent le 25 juin, par une rencontre fortuite au milieu de la forêt de Mouley-Ismaeïl (1); elles continuèrent le 26, journée dans laquelle le colonel Oudinot trouva la mort en chargeant à la tête du 2e chasseurs d'Afrique, et se terminèrent le 28, par le sanglant et malheureux combat de la Macta, un des plus tristes épisodes de la conquête de l'Algérie.

La colonne française, qui se composait de 2.600 hommes, fut attaquée au passage d'un défilé, entre les collines et le marais. Nous eûmes 280 tués, 500 blessés, 17 prisonniers; nous perdions en outre un canon, des caissons, un certain nombre de voitures d'ambulance dont les blessés furent égorgés, et tout notre convoi.

Les restes de la colonne arrivèrent bien péniblement à Arzew, vers 7 heures du soir, après dix-sept heures de combat et quatorze heures de marche.

Cette victoire, toutefois, coûtait plus cher encore à Abd el Kader qu'à nous et ce fut presque par des cris de malédiction que fut accueillie sa rentrée à Mascara. Il sentait bien, du reste, que nous n'allions pas rester sous le coup de cette humiliation.

---

(1) *Les Français à Oran*, par le colonel Derrien.

Cette défaite, en effet — que quelques écrivains n'ont pas craint de qualifier d'heureuse, à cause de ses suites — eut pour résultat immédiat de réveiller l'opinion publique, de faire sortir le gouvernement de son apathie et de le forcer aux résolutions viriles.

Le malheureux général Trézel, le seul qui eût compris jusqu'à présent la véritable politique à suivre en Algérie, quittait Oran, objet de terreur pour les Arabes qui parlèrent longtemps avec effroi du « Borgne » (1). Il avait pour successeur le général d'Arlanges. De son côté, le général comte Drouet d'Erlon était remplacé par le maréchal Clauzel.

(1) Le général Trézel avait perdu un œil.

CHAPITRE VIII

Les Français à Mascara.

Définissant le rôle joué jusqu'alors par la France en Algérie, M. Thiers disait à la Chambre en 1835 : « Ce n'est pas de la colonisation; ce n'est pas de la grande occupation, ce n'est pas de la petite; ce n'est pas de la paix, ce n'est pas de la guerre; c'est de la guerre mal faite (1). » M. Thiers parlait juste et le général Bugeaud avait raison aussi quand il disait à son tour, trois ans plus tard : « Ces expéditions qui n'étaient que des coups d'épingle, n'ont eu d'autre résultat que de forcer les Arabes à se jeter dans les bras d'Abd el Kader. »

Est-ce à dire que les soldats manquaient de bravoure, les chefs de science? Non. Ce qui manquait, c'était un but; et ce but, au gouvernement seul il appartenait de le déterminer, de l'indiquer. Il ne l'avait pas fait; il ne devait pas le faire encore, malgré de cruelles leçons, et ainsi devaient s'accomplir sous nos yeux les événements les plus propres à établir notre pouvoir sur la terre algérienne d'une façon prompte, entière, sans que nous puissions en tirer le moindre profit.

Pour venger l'échec de la Macta, le gouvernement décide qu'il faut s'emparer de Mascara sans retard; jugeant les choses de loin, il s'imagine de bonne foi que prendre à l'Emir sa capitale, c'est l'abattre pour jamais. Saisissant en outre cette occasion pour faire une démonstration

(1) *Moniteur universel.*

politique, il décide que le duc d'Orléans prendra part à la campagne.

Abd el Kader, bien informé de ce qui se passe par les nombreux espions qu'il entretient tant à Alger qu'à Oran, se prépare à la résistance. Sachant bien que ses contingents mal disciplinés ne pourront tenir dans une lutte en rase campagne contre nos troupes, c'est Mascara même et ses environs qu'il prend pour base de ses opérations. Celles-ci sont fort simples : il fait construire quelques ouvrages, placer sur les remparts quelques mauvaises pièces de canon et confie la défense de la ville à Bou Hamedi et à ses Kabyles. Pour lui, à la tête de sa cavalerie, il harcèlera nos colonnes, d'escarmouches continuelles, et rendra leur marche difficile, dangereuse, inaugurant ainsi la tactique qu'il devait employer avec succès l'année suivante devant Constantine.

En même temps, il poursuit les Zmélas et les Douairs jusque sous le canon d'Oran qu'il réduit à la disette et, de même, il serre de près Alger avec son khalifah de Milianah.

Le blocus d'Oran dura quatre mois et ne fut rompu que par l'arrivée des troupes destinées à l'expédition. Celles-ci se mirent enfin en route le 27 novembre, ayant à leur tête le maréchal Clauzel en personne.

Convaincu que le gouvernement français a une répugnance marquée pour la guerre, et n'a décidé cette expédition que sous la poussée de l'opinion publique, Abd el Kader cherche à se faire proposer la paix (1), sa foi religieuse lui défendant, assure-t-il, toute démarche directe dans ce sens ; mais ces offres détournées sont repoussées. Il ne lui reste donc plus d'espoir que dans la lutte, et, sachant bien qu'il pourra nous devancer quand il le voudra à Mascara avec ses contingents excessivement mobiles, il se met à inquiéter les flancs et l'arrière-garde de nos colonnes.

---

(1) Ainsi qu'il l'avait fait avec le général Desmichels.

Un premier combat a lieu le 1er décembre, sur les rives du Sig; une reconnaissance française fut attaquée très vivement par l'Emir en personne, à la tête de 2.000 cavaliers, et ne put rallier le camp que grâce à l'artillerie dont le gouverneur vint lui-même l'appuyer à temps.

Le 3, notre colonne fut de nouveau assaillie par 8 à 10.000 cavaliers, et cette fois encore ne dut son salut qu'au canon.

Sans se laisser décourager, Abd el Kader va nous attendre à quelques kilomètres plus loin, à hauteur du marabout de Sidi-Embarck, en un endroit où la plaine de l'Habra se resserre entre la montagne, au sud, et des bois touffus de tamarins, au nord. Mais cette forte position est enlevée et l'armée peut continuer sa marche sur Mascara. (*Historique du 2e Tirailleurs.*)

A cette nouvelle les Hachems, les Gharabas, les Beni-Chougran, toutes les tribus, en un mot, qui n'accompagnent pas Abd el Kader, et sans se préoccuper de la tactique qu'il a adoptée, se ruent dans la ville et la mettent au pillage, sous le prétexte qu'il ne faut pas laisser tomber aux mains des chrétiens les richesses qu'elle renferme. Bientôt les contingents d'Abd el Kader apprennent la nouvelle, et furieux d'avoir été devancés, courent eux aussi à la curée, abandonnant leur chef auquel 200 cavaliers et ses deux bataillons de fantassins réguliers demeurent seuls fidèles. Abd el Kader vole à Mascara, espérant que sa présence fera rentrer ces hordes dans l'obéissance. Illusion! Il se voit lui, l'idole de la veille, méconnu, bafoué, insulté par une populace et une soldatesque en délire. Sa famille avait dû se réfugier dans les bois de Sfisef. Les Hachems, ceux de sa propre tribu! oublieux du vieux Mahhi ed Din, sont les plus âpres à l'insulte et aux outrages; ils déchirent sa tente, la mettent au pillage, et l'un d'eux va même jusqu'à lui enlever le parasol, insigne du commandement! Atterré, Abd el Kader quitte la ville et parvient à rejoindre sa famille qu'il trouve au milieu des larmes et dans une profonde détresse. Une journée, quelques heures même, ont fait du sultan de la province d'Oran, de Médéah et de Milianah, un triste fugitif.

Le maréchal Clauzel, ne voyant plus ni les cavaliers, ni les fantassins d'Abd el Kader, croyait à un piège et avançait avec précaution, quand il apprit les événements de Mascara. Aussitôt il se précipite en avant avec le duc d'Orléans, son état-major, quelques cavaliers d'escorte et arrive devant la ville.

Les circonstances le servaient à souhait : la puissance et le prestige de l'Emir anéantis ; sa capitale abandonnée ; rien ne s'opposait à ce qu'il occupât Mascara, d'où il aurait protégé la zone située entre cette ville et la mer, et tendre la main aux tribus armées de l'intérieur, comme les Hachems et les Ouleds Sidi Messaoud, qui offraient d'abandonner la cause d'Abd el Kader ; d'autre part, s'il lui répugnait de laisser une garnison française dans une ville située à 70 kilomètres de la côte, les Douairs lui offraient de garder Mascara pour le compte de la France.

Quel revirement s'était soudain opéré dans l'esprit du maréchal pour bouder ainsi la bonne fortune qui lui était offerte ? Il était parti d'Oran avec l'intention arrêtée, déclarée, d'occuper Mascara et d'y installer comme bey, Ibrahim Bouchnak, notre fidèle allié, déjà bey de Mostaganem ; il en avait fait la promesse formelle aux Douairs et aux Zmélas, en échange des contingents qu'ils avaient fournis à l'expédition. Puis il change tout à coup de résolution ; entré le 6 décembre à Mascara, il en sort le 8 pour reprendre le chemin de Mostaganem, laissant la malheureuse ville en proie à l'anarchie et livrée aux forbans qui l'incendient, après en avoir achevé le pillage.

N'est-ce pas, en quelque sorte, le juste châtiment du maréchal Clauzel que l'imputation qui lui a été faite depuis si longtemps, qui lui est faite encore parfois, de cet incendie, bien qu'il soit certain qu'il y demeura tout à fait étranger?

Abd el Kader ne manqua pas d'accréditer un bruit qui servait aussi bien ses intérêts.

La vérité est que le feu fut mis par les Douairs et les Zmélas, nos alliés. Ceux-ci possédaient à Mascara des maisons qui avaient été confisquées par l'Emir. Furieux de ne pas rentrer, par suite de notre abandon de la ville, en possession de leurs biens et ne voulant pas, d'autre part, les laisser retomber entre les mains de leur mortel ennemi, ils les avaient incendiées. Grâce, du reste, à une pluie torrentielle qui survint fort à propos, l'incendie ne détruisit qu'une partie de la ville.

On a dit souvent que la retraite précipitée du maréchal Clauzel fut motivée par la maladie qui venait de s'abattre sur l'héritier présomptif du trône; mais cette raison suffisait-elle pour ne pas occuper une place aussi importante pour nous que l'était Mascara?

A peine les dernières files de nos colonnes sont-elles hors de la vue de Mascara, qu'un homme arrive aux portes de la ville: c'est Abd el Kader. Accompagné d'un seul serviteur, il est réduit à se nourrir d'un peu d'orge grillée, sous une misérable tente qu'il a dressée de ses propres mains. Il est là comme un reproche muet à ceux qui l'ont abandonné et trahi.

Le bruit de sa présence ne tarda pas à se répandre parmi les Arabes; la vue de cette puissance déchue les émeut, mais ils n'osent s'approcher. Cependant quelques chefs qui ont pour eux la conscience du devoir accompli, s'avancent vers l'Emir. Celui-ci les accueille, sans aucun reproche pour le peuple qui l'a si lâchement délaissé, outragé. Il déclare seulement qu'il est résolu à quitter la province, reconnaissant trop lourd pour ses épaules le fardeau dont il ne s'était chargé, du reste, que dans l'intérêt de la religion, et fait connaître son intention de se rendre au Maroc avec sa famille. « Mais, par respect pour elles-mêmes, ajoute-t-il, les tribus qui m'avaient élu leur chef ne voudront pas me laisser partir dans l'état de dénûment où elles m'ont mis; elles auront à cœur, je l'espère, soit de me restituer mes biens, soit de me donner les moyens de pourvoir à mon existence et à celle de ma famille. » Et aussitôt il monte à cheval.

L'émotion de la foule qui l'écoute, ne pouvant se contenir davantage, éclate alors frénétiquement : hommes, femmes et enfants se précipitent vers lui, le couvrent ainsi que son cheval de leurs embrassements et de leurs caresses; au nom de son père, au nom de la religion surtout, ils le conjurent, ils le supplient à genoux, de rester pour continuer avec eux les combats de Dieu. S'il s'obstine à partir, c'est aux chrétiens qu'ils iront demander un chef.

Ce dernier argument triomphe de la résistance de l'Emir, il cède enfin puisqu'il s'agit d'un devoir religieux, mais il jure de ne rentrer jamais à Mascara, qu'on a laissé souiller par les chrétiens, que pour prier à la mosquée. Il édicte en même temps la peine de mort contre quiconque entrera en relations avec l'ennemi, et fait appliquer sur-le-champ cette sentence à un Arabe qui s'était compromis par ses rapports avec les Français. Toute la vengeance de l'Emir se borna du reste à cette exécution; il lui suffisait de constater que sa puissance était plus grande que jamais.

Ce relèvement, il le devait surtout, hélas! à nos fautes, à l'abandon prématuré, inexplicable, de Mascara.

CHAPITRE IX

Les Français à Tlemcen.

1836. — Parmi les défections qui venaient de se manifester autour de l'Emir, il en est une qui devait être grosse de conséquences : celle de l'agha El Mézari. Celui-ci, qui commandait la fraction des Douairs restée fidèle à Abd el Kader, neveu de Moustapha ben Ismaïl, réfugié dans le Méchouar de Tlemcen et à l'abri de la vengeance du Sultan, était un des chefs militaires les plus affectionnés de l'Emir. Mais cette faveur même lui avait suscité nombre d'ennemis jaloux, et il savait qu'on l'accusait sourdement d'entretenir des relations avec les Français. Craignant, avec juste raison peut-être, que ses ennemis ne parvinssent à le perdre dans l'esprit d'Abd el Kader, il avait fait sa soumission au maréchal Clauzel et était parvenu à persuader à celui-ci de délivrer son oncle bloqué dans le Méchouar de Tlemcen. L'expédition était décidée, quand tout à coup le maréchal change d'avis et fait faire à Abd el Kader des propositions de paix. L'Emir allait y répondre quand il apprit que la tribu des Angads, venant du sud, se dirigeait sur Tlemcen, au secours de Moustapha ben Ismaïl. Les propositions du maréchal restèrent donc sans réponse, mais quelle idée devait se faire Abd el Kader de semblables tergiversations ! Ne le portaient-elles pas à croire que les Français s'ennuyaient pour le moins autant en Algérie que leur présence lui était insupportable à lui-même ?

Voilà donc l'Emir aux prises avec de nouvelles et sérieuses difficultés, ayant simultanément sur les bras : les Français, dont il n'a pas eu le temps d'accueillir les ouvertures; les Angads révoltés, commandés par El Ghomari; enfin les Kouloughlis du Méchouar avec Moustapha ben Ismaïl.

Faisant face à la situation, Abd el Kader se tourne d'abord contre les Angads et leur inflige une défaite complète, où El Ghomari est blessé grièvement. Il n'a plus affaire maintenant qu'à nos troupes et à Moustapha ben Ismaïl (1).

Fidèle à la tactique qui lui a si bien réussi jusqu'à présent, il prend le parti immédiat de faire évacuer Tlemcen, et de ne laisser que le vide devant elles. Celles-ci, en effet, quand elles entrèrent à Tlemcen, le 13 janvier 1836, ne trouvèrent dans la ville que quelques juifs, tous les habitants s'étant enfuis, pour se mettre sous la protection des troupes de l'Emir, à quelques lieues de la ville.

Le maréchal envoie aussitôt les deux brigades d'Arlanges et Perrégaux attaquer Abd el Kader dans la position d'Achouba. Il comptait sur une résistance énergique de l'Emir, mais les troupes de celui-ci, frappées tout à coup d'une crainte superstitieuse (2), refusent de se battre, se débandent, et Abd el Kader lui-même est forcé de battre en retraite. Les colonnes françaises en pénétrant dans le camp du Sultan (15 janvier), n'y trouvèrent que la population de Tlemcen, qu'elles poussèrent devant elles, la forçant à réintégrer la ville.

Les serments faits à l'Emir, au lendemain des événements de Mascara, étaient déjà oubliés de ce peuple impressionnable et mobile.

Le Maréchal, résolu à ne pas abandonner le Méchouar

---

(1) Nous avons vu plus haut la fin d'El Mezari qui avait contribué à la ruine du chef des Angads.

(2) Quelques hommes de l'infanterie régulière de l'Emir s'étaient permis de fumer près du tombeau d'un marabout, et ce manque de respect avait persuadé aux troupes que le combat serait une inévitable défaite.

comme il avait précédemment abandonné Mascara, et n'ayant pas, d'autre part, de crédits pour entretenir la petite garnison qu'il y voulait laisser — car il avait fait l'expédition de Tlemcen de sa propre autorité et sans l'assentiment préalable du gouvernement — prit la décision de demander ces moyens à une contribution frappée sur la ville. Malheureusement, les défenseurs du Méchouar, nos alliés, furent assujettis à cette contribution aussi bien que les citadins. Comble de l'imprudence, le Maréchal chargea du soin de recouvrer cette contribution un homme malhabile ou avide (peut-être bien l'un et l'autre), qui n'apporta aucun tempérament dans l'exercice de ses fonctions. Cet homme, Moustapha ben Mékallech, ne craignit pas d'aller jusqu'à infliger la bastonnade aux Koulouglis qui, à défaut d'or, durent livrer, pour s'acquitter, les bijoux de leurs femmes! On ne pouvait pas mieux servir les intérêts d'Abd el Kader, et, bien que le Maréchal fût étranger à ces mesures de détails, il n'en porta pas moins la responsabilité de ces faits. La Chambre des députés, en votant un crédit de 94.444 fr. destinés à être versés aux victimes de ces procédés barbares, le blâmait et le désavouait publiquement.

Abd el Kader, on le pense bien, sut tirer de ces faits un habile parti; il y fit voir l'inspiration juive et ne manqua pas d'ajouter que si nous traitions ainsi nos alliés, le traitement réservé aux ennemis qui tomberaient en notre pouvoir se pouvait deviner.

Les résultats ne se firent pas attendre : les tribus indécises se rallièrent à l'Emir; les Angads eux-mêmes, nos alliés de la veille, lui firent leur soumission, et, 10 jours après le combat de l'Achouba, Abd el Kader disposait de 12.000 hommes prêts à une résistance désespérée.

Le gouverneur, qui voulait percer jusqu'à la mer (1), se rencontra avec l'Emir dans deux combats sans résultat.

(1) Vers l'embouchure de la Tafna, vers Rachgoun.

les 26 et 27 janvier, et, renonçant à son projet, rentra dans Tlemcen.

Abd el Kader put donc s'attribuer la victoire. C'est dans un de ces combats qu'il reçut sa première blessure à l'épaule.

Laissant à Tlemcen le capitaine Cavaignac avec 1 bataillon, le maréchal Clauzel prend le chemin d'Oran, d'où il annonce à l'armée qu'Abd el Kader est vaincu et la guerre terminée. Il donne alors le commandement de la province au général Perrégaux et celui de la place au général d'Arlanges, puis il regagne Alger. Sa retraite d'ailleurs ne s'était pas effectuée sans être harcelée par les Arabes, qui voyaient nos troupes se retirer une fois encore après une pointe dans l'intérieur, et pouvaient légitimement croire que nous reculions devant eux.

Le général Perrégaux employa le printemps de l'année 1836 à quelques incursions dans diverses tribus de l'Est; le fait le plus saillant de cette campagne fut la prise du camp de Habib bou Alem, agha des Garabas. Partout, devant lui, le général trouva les tribus bien disposées et empressées à alimenter nos colonnes. Mais dès qu'Abd el Kader, occupé au moment de cette expédition à bloquer la garnison française de Tlemcen, put reparaître sur les rives du Chélif, les tribus eurent à faire une nouvelle et cruelle expérience de notre impuissance à les défendre. L'Emir châtia durement les défections et une des tribus qui nous avaient fait leur soumission, celle des Bordjias, fut entièrement démembrée, morcelée, dispersée sur tout le territoire.

De son côté, le général d'Arlanges (1) partait du camp du Figuier, le 7 avril 1836, à la tête de 2.780 fantassins,

---

(1) « Le général d'Arlanges, a écrit le colonel de Maussion, chef d'état-major de la division d'Oran, est un très brave soldat, plein d'ardeur au feu, mais impropre à la bataille, en ce sens qu'il court à droite et à

200 chasseurs à cheval, 150 cavaliers indigènes commandés par Moustapha ben Ismaïl et 8 pièces d'artillerie, pour installer un camp fortifié à l'embouchure de la Tafna et, par la vallée de cette rivière, établir une communication entre la mer et Tlemcen.

Abd el Kader était établi à Nédromah, d'où il surveillait à la fois la route d'Oran à la Tafna et celle de la Tafna à Tlemcen, espérant ainsi empêcher le ravitaillement du Méchouar et réduire notre garnison par la disette. Il subit une première défaite à El-Gozer. Mais dès le 17 avril, il bloquait étroitement le général d'Arlanges sur les bords de la Tafna.

Celui-ci tente une sortie, le 24, dans la direction du marabout de Sidi-Yacoub. Aussitôt Arabes et Kabyles, avec une ardeur, un mépris du danger incroyables, se jettent sur nos baïonnettes, sur nos canons et finissent par nous forcer à la retraite, après nous avoir fait perdre 300 hommes. « Ils saisissent par les roues les pièces que les canonniers tiennent par l'affût ; on se hache mutuellement les mains, sans lâcher prise ». (*Campagnes de l'armée d'Afrique*, par le duc d'Orléans.)

A la nouvelle de ce succès, de nouveaux contingents viennent s'ajouter à ceux dont dispose déjà Abd el Kader; le cercle des Arabes se rétrécit chaque jour davantage autour de nous, et la colonne du général d'Arlanges est réduite aux plus dures privations.

La situation était compromise, perdue, quand, au bout de cinquante jours de blocus nos soldats virent enfin arriver à leur secours trois régiments venant de France, sous la conduite du général Bugeaud. Celui-ci délivra le général

---

gauche, au milieu des balles, sans faire mouvoir ses troupes à propos. Avec beaucoup de noblesse et un grand courage, il est craintif et *caporal* dans une situation où il faut avoir de l'initiative et beaucoup oser. »

d'Arlanges et ramena sa colonne à Oran, pendant qu'Abd el Kader, que ses troupes avaient quitté pour vaquer aux travaux de la moisson, regagnait, désolé, avec ses réguliers, sa position de Nédromah.

Le général Bugeaud (1), en débloquant le camp de la Tafna avait exécuté la première partie de sa mission ; il lui restait à ravitailler le Méchouar (2). Il se met donc en route à la tête d'un important convoi et rencontre l'Emir sur les rives de la Sikak. Par une feinte habile il le force à passer cette rivière et à lui livrer bataille sur le terrain qu'il a choisi. Ce fut un désastre pour Abd el Kader : 250 cadavres laissés sur le champ de bataille, 1.200 blessés, 130 prisonniers, 6 drapeaux, 500 fusils, tel était le bilan de cette journée.

Abd el Kader est de nouveau abandonné de tous les siens, même de ce qui lui reste de son infanterie régulière ; et le soir de la bataille, seul, errant dans la campagne, il est heureux de rencontrer une pauvre femme pour se faire indiquer sa route et apaiser sa faim de quelques fruits.

---

(1) « Le croirait-on ? Le général Bugeaud avait alors contre l'Afrique et contre certains hommes voués à cette conquête, qu'il désapprouvait comme ruineuse et compromettante pour son pays, des préventions qu'il était loin de dissimuler. Le lieutenant-colonel de Lamoricière et le capitaine Cavaignac, plus particulièrement parmi quelques autres, n'étaient pas épargnés dans les discussions, toujours ardentes, que le général ne cessait d'engager. » (Général comte DE MARTIMPREY : *Souvenirs d'un officier d'état-major.*)

(2) Depuis quatre mois le capitaine Cavaignac était enfermé dans le Méchouar et ne parvenait à soutenir le courage de ses compagnons d'armes que par une énergie et une fermeté incomparables.

Il avait trouvé un moyen ingénieux de se faire ravitailler par ses assiégeants : la menace de canonner la mosquée de la ville. Dès qu'on ne lui apportait pas en effet en temps voulu les denrées qu'il avait réclamées, il faisait tirer un coup de canon sur la tour de la grande mosquée (Djemmâa-el-Kébira) et aussitôt tous les muphtis, de crainte de voir détruire l'édifice sacré, apportaient au capitaine ce qu'il voulait.

Encore une fois, l'occasion s'offrait excellente d'anéantir pour jamais la puissance de l'Emir. Pour cela il suffisait de marcher sur Mascara, de l'occuper solidement, de faire appel aux tribus fatiguées, épuisées par un état de perpétuelles hostilités, et la guerre était sans doute finie; mais probablement, le général Bugeaud, lui aussi, manquait des instructions du Cabinet.

Cependant Abd el Kader, vaincu mais non découragé, a regagné Nedromah; il visite les blessés de la Sikak, les console, les exhorte, leur apporte à tous un secours matériel ou moral; il leur fait entrevoir que leurs blessures mêmes sont un signe de la faveur divine qui a ainsi voulu marquer ses enfants de prédilection. Cette attitude touche les plus indifférents, et bientôt on peut se rendre compte à Mascara qu'Abd el Kader est toujours le Sultan. Un homme de la tribu des Beni-Amers a osé prétendre à la succession de l'Emir, et, attirés par des promesses de biens célestes, un certain nombre de partisans sont venus se ranger autour de lui; sans perdre de temps, Abd el Kader marche vers l'imposteur que les tribus révoltées lui livrent sans combat, trop heureuses d'obtenir leur pardon à ce prix.

Ainsi, la situation d'Abd el Kader n'a pas changé, ou plutôt il est en meilleure posture que jamais. Abandonné par ses troupes et par ses sujets après Mascara, après Tlemcen, après la Sikak, il s'est relevé chaque fois plus puissant, plus prestigieux. Et tout cela en sept mois!

De notre côté, non plus, rien n'est modifié et, sauf que le Méchouar de Tlemcen abrite à ce moment une garnison française, nous sommes, comme auparavant, bloqués dans Oran, dans Arzew et dans Mostaganem.

Abd el Kader, que les circonstances se sont plu à mettre plusieurs fois à notre merci, est maître de tout le pays situé hors de la portée de nos canons. Sans doute ce résultat est dû pour beaucoup aux incertitudes, aux irrésolutions, — disons le mot, à l'ignorance — du Gouvernement; mais il faut en rechercher aussi la cause dans le génie que possédait réellement Abd el Kader, dans la foi qu'il avait en sa mission religieuse et qui en a fait le Pierre l'Ermite de l'Islam!

CHAPITRE X

Traité de la Tafna.

Le séjour du maréchal Clauzel en Algérie l'avait convaincu que pour établir solidement notre puissance dans ce pays, il était indispensable d'occuper premièrement les points principaux de la ligne du Tell : *Médéah*, *Milianah*, *Mascara*, *Tlemcen* et *Constantine*. Sans cette occupation, nous étions destinés à être perpétuellement bloqués dans Oran et dans Alger comme l'étaient les Espagnols dans Mélilla.

Il se rendit à Paris pour faire partager sa conviction au Cabinet et y réussit facilement. Mais, tout en admettant le principe de l'expédition, le Gouvernement, craignant une manifestation hostile de la Chambre en lui demandant de nouveaux crédits, refusait au gouverneur les 10.000 hommes de renfort qui lui étaient indispensables. C'était préparer l'échec de Constantine.

Abd el Kader n'avait garde d'opposer la moindre résistance à cette expédition : elle allait au devant de ses désirs. Si nous étions vainqueurs, il voyait disparaître de la terre algérienne le Bey de Constantine, Ahmed Bey, le dernier représentant de l'odieuse domination turque, et, de plus, rival dangereux, car il avait cherché à enlever Médéah à l'Emir. Si nous étions vaincus, c'était sans doute l'abandon de l'Algérie par les Français, abandon qui comptait au Parlement de nombreux et chauds partisans, et qui était mis chaque année en question, lors du vote du budget.

Mais, quel que fût le résultat, il lui fallait se disposer à la guerre et sa préparation devait être le premier de ses soucis.

Les pointes que nous avions poussées sur Mascara et sur Tlemcen lui avaient démontré qu'il devait établir plus au sud sa base d'opérations et le centre de ses ravitaillements. Son choix se porta sur l'ancienne ville de Tegdempt, située au sud-est de Mascara et à 160 kilomètres de la mer. Il en entreprit aussitôt la restauration et en eût fait un boulevard presque inexpugnable si nous lui avions laissé le temps d'exécuter ses projets.

C'est pendant qu'il était occupé à ces travaux de fortifications qu'il apprit notre échec devant Constantine (novembre 1836). Prompt à profiter de l'occasion, il nous presse aussitôt sur tous les points, se réservant de se retourner plus tard contre Ahmed Bey. Les contingents de son khalifah de Milianah se répandent dans la plaine de la Mitidja où ils brûlent et pillent les environs de Boufarick, tandis que les Garabas resserrent le blocus d'Oran et le réduisent de nouveau à la plus cruelle famine.

Voyant notre situation difficile dans la province de l'ouest, Abd el Kader se rend compte du parti qu'il peut en tirer et envoie vers le général de Brossard le célèbre Ben Durand. Celui-ci propose au général une entente d'après laquelle l'Emir laissera entrer à Oran les denrées nécessaires à l'alimentation de la garnison et recevra en échange le fer, l'acier et le soufre qui lui manquent. Abd el Kader, ajoutait l'habile fils d'Israël, ne paraîtra pas plus que vous dans le marché, ce sera une convention tacite qui servira l'une et l'autre des parties et que l'une ou l'autre sera libre de rompre à son gré. En résumé, cette entente était toute au profit de l'Emir : nous pouvions toujours, nous, nous ravitailler par mer, tandis que le fer, l'acier et le soufre étaient difficiles à introduire par le

Maroc. Cependant, le général de Brossard (1) accepta, s'exagérant sans doute les difficultés de sa situation.

Bien mieux, quelque temps après, le même Ben Durand s'offrait, toujours Abd el Kader restant dans l'ombre, à ravitailler lui-même le Méchouar. Mais au moment d'exécuter sa promesse, Abd el Kader feint de vouloir s'y soustraire. Ben Durand persuade au général que les Arabes pourraient à juste titre reprocher à Abd el Kader sa connivence et que, pour lui permettre de se justifier auprès des siens, il n'y a qu'une chose à faire, remettre à l'Emir les 130 prisonniers de la Sikak. L'astucieux juif triompha une fois encore et obtint la remise des prisonniers.

C'était pour Abd el Kader un succès inespéré, et des plus importants, car chaque jour les familles de ces prisonniers lui reprochaient de les laisser aux mains des chrétiens; il leur donnait, du coup, satisfaction, et, en outre, quelle gloire pour lui, le fanatique, de rendre à leur tribu des combattants de la Guerre sainte!

1837. — Telle était la situation dans la province d'Oran quand y arriva le général Bugeaud avec des pouvoirs qui

---

(1) « Le général de Brossard venait d'Alger. Sans fortune il affichait une munificence princière; d'une immoralité profonde, il eût très bien figuré à la cour de Louis XV.

. . . .

» Plus tard les manœuvres qui avaient eu lieu pour le ravitaillement de Tlemcen se divulguèrent. Un aide de camp du général Bugeaud, pénétrant un soir chez Ben Durand, y trouva le général de Brossard en face d'une somme d'argent considérable qu'il paraissait occupé à compter avec le célèbre juif. Il en fut grand bruit.

» Le général de Brossard, sentant ce que sa position avait de critique, accourut chez le général Bugeaud et en obtint l'autorisation de passer en Espagne.

» Mais à peine débarqué sur cette terre d'un exil prétendu, il franchissait les distances et arrivait à Paris, chez le maréchal Soult, alors ministre, pour lui expliquer sa conduite.

» Le maréchal le fit arrêter et emprisonner sans même vouloir l'entendre. Les faits dont il était accusé devaient en effet le conduire devant un conseil de guerre. »

(Général comte DE MARTIMPREY : *Souvenirs d'un officier d'état-major.*)

le rendaient à peu près indépendant du général Damrémont, le nouveau gouverneur, successeur du maréchal Clauzel (1).

Comme celui de la Macta, l'échec de Constantine fut un coup de fouet pour l'apathie gouvernementale et il fut décidé, sur-le-champ, d'en tirer vengeance .Mais, avant de châtier Ahmed Bey, il fallait s'assurer la tranquillité à l'ouest, soit en abattant définitivement l'Emir, soit en s'en faisant un allié. Cette dernière hypothèse semblait d'autant plus réalisable que, par l'intermédiaire de M. Méchain, consul français à Tanger, Abd el Kader avait fait demander au gouvernement français une réponse aux pourparlers de paix qu'il avait engagés antérieurement, tant avec le général Drouet d'Erlon qu'avec le maréchal Clauzel.

Informé de ce qui se passait, le général Bugeaud demande au Roi le commandement d'Oran, l'obtient sans peine et, vers la fin de mars 1837, arrive dans cette ville précédé de la gloire encore chaude du vainqueur de la Sikak. Dans une proclamation aux Arabes, très énergique, il annonçait, dès le lendemain de son arrivée, l'intention de réduire toute résistance par une guerre à outrance (2). Mais il avait compté sans l'habileté de Ben Durand, qui devait être aussi son mauvais génie, comme il avait été celui du comte Drouet d'Erlon et du genéral de Brossard.

Le général Bugeaud était parti de Paris avec des instructions qui lui prescrivaient de ne traiter avec Abd el Kader qu'aux conditions suivantes :

---

(1) « Joignant à une ardeur juvénile, malgré ses 63 ans sonnés, une extrême habileté de maniement des troupes, bienveillant, équitable, le maréchal Clauzel était adoré des officiers et des soldats.

» Son arrivée en Algérie avait été accueillie par des transports de joie unanimes. Hélas ! il ne réalisa pas les espérances qu'on avait fondées sur lui. Avec de rares facultés intellectuelles, il était incomplet, inégal, négligent parfois. C'est un des hommes de guerre, disait Changarnier, qui m'a le plus instruit par ses défauts comme par ses grandes qualités. »

(2) On vit plus tard ce dont il était capable à cet égard.

1º Reconnaissance de la souveraineté de la France par Abd el Kader;

2º Limitation de son pouvoir au Chélif;

3º Paiement d'un tribut;

4º Remises d'otages comme garantie de l'exécution du traité.

C'était là des conditions *sine qua non* auxquelles il avait pour devoir de se conformer rigoureusement. Hélas! les circonstances voulurent qu'il n'en fût rien et que le gouvernement sanctionnât une dérogation, une infraction formelle à ses ordres précis.

Ben Durand avait apporté au général une lettre de son maître à travers laquelle on voyait percer le désir de faire la paix. Le général, croyant avoir affaire à un homme muni de tous les pouvoirs d'Abd el Kader, lui fit connaître les conditions auxquelles il pourrait traiter.

Ben Durand ne fit aucune objection, demandant seulement de rapporter cet entretien à l'Emir, et le général qui pensait déjà tenir son traité, put télégraphier donc ce succès au gouvernement dès le 21 avril (1837).

Dans ses premières bases il n'était pas question de la remise d'otages, ni du paiement d'un tribut, mais le Gouvernement répondit néanmoins au général qu'il pouvait traiter. Le général Bugeaud reçut en même temps et la dépêche de son gouvernement et la réponse d'Abd el Kader, toujours par l'entremise de Ben Durand.

La question, qui semblait résolue quelques jours auparavant, changeait complètement de face; l'Emir repoussait avec la dernière énergie les conditions qui lui étaient faites, ne voulant pas d'une situation inférieure à celle que lui avait reconnue le général Drouet d'Erlon. Il faisait remarquer qu'il n'avait pas pris possession par la force du Tittery, mais qu'il y avait été appelé par les habitants du pays, et, comme seule concession, laissait à la France le Sahel d'Alger, c'est-à-dire les environs immédiats de cette ville et, autour d'Oran, le territoire situé entre Brédéa et la Macta ; enfin il renonçait au monopole commercial que lui avait concédé le traité Desmichels.

Le général répond à ces observations par un ultimatum, qui entrait déjà dans la voie des concessions, notamment en cédant à l'Emir le beylick de Tittery, contrairement à ses instructions. Mais, lorsque cet ultimatum parvint au camp d'Abd el Kader, celui-ci était déjà parti pour négocier directement avec le gouverneur, le général Damrémont.

Le général Damrémont, qui n'était pas au courant des négociations entamées avec le général Bugeaud, lui fit une réponse qui, sans témoigner d'un désir de la paix à tout prix, n'excluait pourtant pas l'espoir d'une entente.

Entre ces deux négociateurs, la situation d'Abd el Kader était excellente et lui permettait d'espérer obtenir de l'un ce que lui refusait l'autre. Tout en étant, du reste, occupé par ces négociations, il ne négligeait pas ses affaires et, ne connaissant pas l'ultimatum du général Bugeaud, ne pouvait supposer qu'il lui abandonnât enfin le Tittery; il faisait dans cette province acte d'autorité, en plaçant à sa tête, en qualité de khalifah, d'*alter ego,* son propre frère El hadj Moustapha.

Ben Durand, resté dans l'Ouest, et craignant de voir le bénéfice de ses négociations lui échapper, s'empresse de dévoiler au général Bugeaud les démarches de l'Emir auprès du gouverneur. Le général s'emporta en récriminations aussi bruyantes qu'injustes — tort qu'il répara, du reste, plus tard — et l'incident fut clos par l'avis que fit donner le gouverneur à Abd el Kader d'avoir désormais à s'entendre exclusivement avec le commandant de la province d'Oran.

L'Emir revint dans l'Ouest, et voyant le général Bugeaud sur le point d'entamer les hostilités, se hâta de reprendre avec lui, le 12 mai, les pourparlers de paix en lui faisant porter de nouvelles propositions (1).

Ces propositions étaient encore bien loin de l'ultimatum du général Bugeaud, et, jugeant insuffisant l'abandon qui lui était fait du Tittery, Abd El Kader limitait notre influence à l'oued Beni-Aza et ainsi nous enlevait Blidah.

Le général Bugeaud, qui trouvait qu'il était allé assez loin dans la voie des concessions, se disposait à en appeler aux armes, lorsqu'il s'aperçut que par une fatalité étrange tous les mulets étaient indisponibles et qu'il était privé de ses moyens de transport. Pour comble de malheur, la saison s'avançait et chaque jour de perdu compromettait le succès de son expédition. Sur ces entrefaites, Abd el Kader lui dépêcha un nouvel envoyé, Sy Hamadi Sekkal, un des personnages les plus honorables de la province, chargé d'apporter quelques concessions au général. Ces concessions étaient : l'abandon de Blidah à la France, la renonciation de l'Emir à tout pouvoir sur les musulmans qui habitaient le territoire réservé à la France ; l'extension des limites de ce territoire dans une certaine mesure.

Persuadé que c'était là le maximun de ce qu'il pourrait jamais obtenir, le général jugea qu'il pouvait, à ce prix, abandonner le Tittery et la majeure partie de la provinee d'Alger. Le 26 mai, il fit donc porter à Abd el Kader, un traité qui est le même, à peu de chose près, que celui qu'ils signèrent quatre jours après et qui est tristement célèbre sous le nom de traité de la Tafna (2).

Après ce traité le général Bugeaud demanda une entrevue à Abd el Kader. Celui-ci qui, n'avait jamais voulu entrer en rapports directs avec aucun de nos généraux de peur de quelque difficulté de préséance, accepta la proposition du

---

(1) Voir l'appendice VII : Propositions faites par l'Emir au général Bugeaud.

(2) Voir l'appendice VIII : Traité de la Tafna.

général, mais avec l'arrière-pensée de la faire tourner à sa gloire, aux yeux des Arabes, en paraissant plutôt recevoir un hommage que de donner un rendez-vous.

Voici le récit de cette entrevue, d'après le *Moniteur universel :*

« Le 31 mai, à 9 heures du matin, le général Bugeaud, suivi de six bataillons, de son artillerie et de sa cavalerie, était rendu au lieu convenu ; Abd el Kader n'était pas arrivé. Cinq heures se passèrent à attendre sans que personne parût. Enfin, vers 2 heures, commencèrent à se succéder plusieurs Arabes qui apportaient, les uns, des paroles dilatoires, les autres des espèces d'excuses ; l'Emir avait été malade ; il n'était parti de son camp que très tard ; peut-être demanderait-il que l'entrevue fût remise au lendemain ; il n'était plus loin ; et puis il était tout près. Enfin, un dernier messager engagea le général Bugeaud à s'avancer un peu, lui disant qu'il ne pourrait tarder à rencontrer Abd el Kader. Il était 5 heures ; le général, qui voulait ramener ses troupes au camp et désirait en finir le jour même, se décida à se porter en avant, suivi de son état-major.

» Après avoir marché plus d'une heure sans rencontrer l'Emir, le général Bugeaud aperçut enfin l'armée arabe rangée en assez bon ordre sur des mamelons épars. En ce moment, Bou Hamedi vint à sa rencontre pour lui dire qu'Abd el Kader se trouvait près de là sur un coteau qu'il montrait du doigt. Au bout d'un quart d'heure, on aperçut l'escorte de l'Emir qui s'avançait du côté de la petite troupe en tête de laquelle se trouvait le général. L'aspect en était imposant ; on pouvait y compter 150 ou 200 chefs d'un physique remarquable et que leur majestueux costume relevait encore. Ils étaient tous montés sur de magnifiques chevaux qu'ils faisaient piaffer et qu'ils enlevaient avec beaucoup d'élégance et d'adresse.

» Abd el Kader lui-même était à quelques pas en avant,

monté sur un beau cheval noir qu'il maniait avec une dextérité prodigieuse. Tantôt il l'enlevait des quatre pieds à la fois, tantôt il le faisait marcher sur les deux pieds de derrière. Plusieurs Arabes tenaient ses étriers et les pans de son burnous.

» Le général Bugeaud lance aussitôt son cheval au galop, arrive auprès de l'Emir et lui tend la main, que celui-ci serre par deux fois. Puis, tous deux descendant de cheval, s'assoient sur l'herbe, et alors commença la conversation suivante :

« Sais-tu, lui dit le général Bugeaud, qu'il y a peu de généraux qui eussent osé faire le traité que j'ai conclu avec toi? Je n'ai pas craint de l'agrandir et d'ajouter à ta puissance, parce que je suis assuré que tu ne feras usage de la grande existence que nous te donnons que pour améliorer le sort de la nation arabe, et la maintenir en paix et en bonne intelligence avec la France.

— Je te remercie de tes bons sentiments pour moi. S'il plaît à Dieu je ferai le bonheur des Arabes, et, si la paix est jamais rompue, ce ne sera pas de ma faute.

— Sur ce point, je me suis porté ta caution auprès du roi de France.

— Tu ne risques rien à le faire; nous avons une religion qui nous oblige à tenir notre parole. Je n'ai jamais manqué à la mienne.

— Je compte là-dessus, et c'est à ce titre que je t'offre mon amitié particulière.

— J'accepte ton amitié, mais que les Français prennent garde de ne pas mépriser les intrigants.

— Les Français ne se laissent conduire par personne, et ce ne sont pas quelques faits particuliers, commis par des individus, qui pourront rompre la paix, ce serait l'inexécution du traité ou un grand acte d'hostilité. Quant aux faits coupables de particuliers, nous nous en préviendrons et nous les punirons réciproquement.

— C'est très bien, tu n'as qu'à me prévenir et les coupables seront punis.

— Je te recommande les Kouloughlis qui restèrent à Tlemcen.

— Tu peux être tranquille, ils seront traités comme les miens.

— Tu m'as promis de mettre les Douairs dans le pays des Hafras ; le pays ne sera peut-être pas suffisant.

— Ils seront placés de manière à ne pas nuire au maintien de la paix.

— As-tu ordonné de rétablir les relations commerciales à Alger et autour de nos villes ?

— Non, mais je le ferai quand tu m'auras rendu Tlemcen.

— Tu sais bien que je ne puis te le rendre que quand le traité aura été approuvé par le Roi.

— Tu n'as donc pas le pouvoir de traiter ?

— Si, mais il faut que le traité soit approuvé; cela est nécessaire pour sa garantie, car s'il était fait par moi tout seul, un autre général qui me remplacera pourrait le défaire ; au lieu qu'étant approuvé par le Roi, mon successeur sera obligé de le maintenir.

— Si tu ne me rends pas Tlemcen, comme tu le promets dans le traité, je ne vois pas la nécessité de faire la paix ; ce ne sera qu'une trêve.

— Cela est vrai ; mais c'est toi qui gagnes à cette trêve, car pendant le temps qu'elle durera, je ne détruirai pas les moissons.

— Tu peux les détruire, cela nous est égal ; je te donnerai par écrit l'autorisation de détruire tout ce que tu pourras ; tu ne peux le faire que pour une bien faible partie et les Arabes ne manqueront pas de grains.

— Je crois que les Arabes ne pensent pas comme toi. »

Abd el Kader demanda ensuite combien il fallait de temps pour avoir l'approbation du Roi des Français.

« Il faut trois semaines. »

— C'est bien long. Dans tous les cas nous ne rétablirons les relations commerciales qu'après que l'approbation du Roi sera arrivée, et quand la paix sera définitive. »

Il était tard; Abd el Kader et le général Bugeaud se dirent adieu et se quittèrent, le premier salué par les cris de sa nombreuse escorte, qui retentirent majestueusement le long des collines et furent répétés par toute l'armée. »

Un petit incident vint relever notre fierté, dit le général de Martimprey, dans ses *Souvenirs*. « Le général Bugeaud, l'entretien fini, s'était mis debout. L'Emir tardant à en faire autant, le général lui fit dire par l'interprète, M. Brahemscha, qu'en face du représentant de la France il ne convenait pas qu'il restât assis, et, au même instant, le saisissant par la main, il le fit lever brusquement, comme il eût fait d'un enfant. L'Emir, un peu déconcerté, remonta à cheval pour rejoindre son armée, qui poussa trois hourrahs immenses. Par un singulier hasard, un coup de ton nerre y répondit. »

Ecoutons maintenant le colonel de Montagnac, dans les *Lettres d'un soldat* :

« Comment! le général Bugeaud, après avoir fait trois lieues pour se rendre à l'endroit fixé pour l'entrevue, est obligé d'attendre le chef arabe qui ne vient pas au rendez-vous et, après une attente de cinq heures, il prend le parti d'aller lui-même à la rencontre *de ce polisson* qui était encore à une lieue et demie de là, et a la bonhomie d'entrer en arrangement avec un *animal* dont le but, en ne se rendant pas au lieu déterminé pour la réunion des deux généraux, était de prouver à son armée et à tous les Arabes que c'était lui qui forçait les Français à capituler et que, par conséquent, ils n'étaient que ses très humbles serviteurs!

» Dès ce moment, il devait y avoir rupture; le général avait assez de troupes pour le tailler en pièces. Il fallait l'attaquer sur-le-champ et l'autre aurait été rossé d'importance.

» Le général avait avec lui une partie de son armée : 6 bataillons d'infanterie, 3 ou 4 escadrons de cavalerie, de l'artillerie — plus de monde qu'il n'en fallait pour le rosser à condition d'agir rapidement.

» Au lieu de cela, le général Bugeaud a été *cornichonné !* »

Dès le 4 juin, l'armée se mettait en marche pour rentrer à Oran. Elle rencontra en route, au Rio-Salado, la garnison de Tlemcen qui évacuait le Méchouar, laissant les malheureux Koulouglis à la merci d'Abd el Kader. Le capitaine Cavaignac reçut alors le grade de chef de bataillon. Il n'avait pas voulu l'accepter, noble et rare exemple! tant que la promesse faite par le maréchal Clauzel d'un grade supérieur à tous les officiers du bataillon de Tlemcen n'avait pas été un fait accompli (1).

Cependant le général Bugeaud n'était pas sans inquiétude au sujet du traité qu'il venait d'envoyer à la ratification du Gouvernement, car aucun des quatre points assignés par le Cabinet comme conditions *sine qua non* ne s'y trouvait reproduit.

Au lieu de reconnaître explicitement la souveraineté de la France, Abd el Kader veut lui déclarer que le sultan est grand ; au lieu d'otages demandés, on stipule l'envoi réciproque de consuls; au lieu d'un tribut annuel, l'Emir livrera un certain nombre de mesures de blé et d'orge, une fois données; au lieu de la limite du Chélif, c'est le Tittery (2) et les 9/10 de la province d'Alger qui sont abandonnés à Abd el Kader. Et les Douairs et les Zmélas, les seuls

(1) *La Conquête de l'Algérie* (1841 à 1847), par Camille Rousset.

(2) Le Tittery était une ancienne province du temps de la domination turque.

Elle était située entre :

alliés fidèles que nous eussions trouvés jusque là parmi les Arabes, livrés à sa vengeance!

Ce motif seul, cet abandon indigne d'une grande puissance auraient dû suffire à faire repousser le traité.

Mais ni l'opinion publique indignée, ni les interpellations au Parlement, rien ne fut capable d'arrêter le Gouvernement, qui, par la bouche du comte Molé, dans la séance du 19 juin 1837, ne craignit pas de recourir au mensonge, en déclarant aux Représentants du pays que « rien n'était terminé encore », alors que, depuis près de quatre jours déjà, le traité était reparti pour l'Afrique, dûment ratifié, ainsi qu'il résulte d'une dépêche du ministre de la guerre au général Damrémont, datée du 15 juin. Il faut reconnaître, du reste, que le rapport présenté au Roi par ce même ministre de la guerre (Bernard) pour lui proposer la ratification du traité de la Tafna, passait, était-ce intentionnellement! — sous silence tous les points qui auraient pu ouvrir les yeux du souverain, pour ne s'arrêter qu'à quelques détails sans importance.

Le général Damrémont, plus perspicace, et dont l'avis eût dû s'imposer parce qu'il avait été mêlé à tous ces événements, s'était exprimé ainsi :

« Le traité n'est pas *avantageux*, car il rend l'Emir plus puissant qu'une victoire éclatante n'aurait pu le faire, et nous place dans une position précaire, sans garanties, resserrés dans de mauvaises limites ; il n'est pas *honorable*, car notre droit de souveraineté ne repose sur rien, et nous abandonnons nos alliés ; il n'était pas *nécessaire*, car il ne dépendait

---

Le territoire de Mascara à l'ouest;
Celui de M' Zab au sud;
Celui de Constantine à l'est;
Celui d'Alger au nord.
Il comprenait les villes principales de Hamza, de Milianah et de Médéah.
C'était une province riche en produits agricoles, fruits, troupeaux et mines de sel, celles-ci dans le mont Zaggos, au sud de l'Atlas.

que de nous de nous établir solidement dans la Mitidja et autour d'Oran, et de nous y rendre inattaquables, en réservant l'avenir. »

Comme on l'a vu, sa voix ne fut pas écoutée et le Cabinet passa outre à tous les avertissements, à toutes les objurgations. Désormais, Abd el Kader est véritable souverain des deux tiers de l'Algérie, par la faute irréparable du traité du 30 mai. Cette faute incombe plus encore au gouvernement incapable qui l'a consacrée qu'au général qui l'a commise; celui-ci ne craindra pas, du reste, de la reconnaître plus tard, et mieux, saura la réparer.

CHAPITRE XI

Premières difficultés. — Siège d'Aïn-Madhi.

Nous allons voir bientôt Abd el Kader organiser le pays dont la France l'a reconnu souverain; mais auparavant, il est nécessaire d'indiquer l'origine, de faire, en quelque sorte, la genèse des difficultés qui ne pouvaient manquer de surgir de l'interprétation des clauses ambigues, mal déterminées, du traité du 30 mai 1837 (1), et finalement devaient aboutir, après deux ans, à la reprise des hostilités. Ce traité avait été conclu, du côté d'Abd el Kader, malgré l'opinion; le Cabinet et l'Emir avaient obéi l'un et l'autre à des considérations de politique pure, et tous les deux étaient seuls à en désirer le maintien.

Dès le lendemain du traité, une colonne française ayant voulu se rendre par terre d'Arzew à Mostaganem, Abd el Kader fit remarquer qu'on violait déjà les conventions, et c'était son droit strict, aux termes mêmes du traité.

Dans la province d'Alger, les questions de délimitation des deux puissances devaient donner lieu à des embarras plus grands encore.

1838. — Cependant tandis qu'Abd el Kader comprimait une tentative de révolte des tribus au sud du Tittery et devenait, de fait, le véritable sultan des Arabes, nous faisions sur Constantine une deuxième expédition qui se terminait, cette fois, à la gloire de nos armes, et nous permettait d'aborder les difficultés du traité de la Tafna.

La première naquit du refus du maréchal Valée, succes-

---

(1) Voir appendice VIII.

seur du général Damrémont, qui avait été tué devant Constantine, de reconnaître comme consul de l'Emir à Alger, M. Garavini, déjà consul des Etats-Unis; Abd el Kader insista; en profond politique qu'il était, il espérait, en cas de difficultés, mettre dans ses intérêts la puissance que représentait M. Garavini. Le gouverneur tint bon, et c'est dans cette impression fâcheuse qu'il allait avoir à traiter sur l'interprétation des dispositions obscures du traité du 30 mai 1837, notamment du paragraphe final de l'article 2. L'échange de plusieurs lettres (où les meilleurs arguments ne se trouvaient pas toujours dans les nôtres) ne parvint pas à régler la question, et l'Emir prit alors le parti énergique d'occuper le territoire situé au delà de l'Oued-Kaddara, qui lui était contesté et qu'il considérait comme lui appartenant. Avec la rapidité qui le caractérisait, il passa des projets aux actes, occupa le pays en litige et poussa l'ironie jusqu'à faire attacher sur le dos du kaïd des Zouathnas le brevet qui lui avait été délivré par le gouverneur général. Par une incroyable faiblesse, cet acte d'audace, (ou pour mieux dire cette insulte) ne donna lieu à aucune démonstration des Français, et Abd el Kader put naturellement en conclure qu'il pouvait tout oser. Aussi s'empressa-t-il de suivre la même conduite dans la province de Constantine. Ahmed Bey, chassé de Constantine, s'était réfugié à Biskra où il avait supplanté Farhat, notre premier allié dans cette province et que, malgré ses appels, nous avions laissé sans secours. Abd el Kader prend sur lui de rétablir l'ordre des choses, marche sur Biskra, défait Ahmed Bey, qui est réduit à traîner une existence misérable au milieu des tribus du M'Zàb et devient le maître effectif des deux tiers de l'Algérie.

Ce fut vers cette époque que cédant aux sollicitations du gouverneur, Abd el Kader se décida à envoyer au Roi des présents, en réponse à ceux qu'il avait reçus de lui après le traité de la Tafna. En France, on considérait cette démarche comme un acte de vassalité; Abd el Kader en la faisant, caressait uniquement l'espérance de faire adhérer le gouvernement plus facilement que le maréchal Valée, au sens qu'il apportait aux mots : jusqu'à l'Oued-Kaddara et au delà. Il confia cette mission à Ben Arach, accompagné de l'inévitable Ben Durand. Mais cette fois, les négociations n'aboutirent pas, et le gouvernement prévenu à temps par le maréchal Valée, renvoya l'Emir, dans la personne de ses ambassadeurs au gouverneur lui-même pour toutes les affaires qui avaient trait aux difficultés pendantes.

On était alors au mois de juillet 1838 et Ben Arach se trouvait de nouveau en présence du projet de convention que lui avait déjà fait soumettre le gouverneur, avant son départ pour Paris et sur lequel il avait ajourné sa réponse jusqu'à son retour. Sans être aussi précis qu'on l'eût pu désirer, ce projet avait cependant pour résultat d'interdire à l'Emir l'accès de toute la partie située à l'est de la province d'Alger, tout en lui faisant quelques concessions à l'est du Tittery.

Ben Arach était fort embarrassé; il sentait bien que son maître n'accepterait jamais une convention qui lui serait, de la part des fanatiques, un sujet de reproches constant, puisqu'elle laissait au pouvoir des chrétiens, des musulmans qui s'étaient donnés à lui; d'un autre côté, le maréchal Valée, outré de ces indécisions, demandait à l'envoyé de l'Emir de lui faire connaître catégoriquement si, oui ou non, il avait les pouvoirs de son maître pour traiter. Dans le premier cas, pourquoi ne pas se prononcer franchement? Dans le second, il s'était donc joué de lui?

Ben Arach que le ton du maréchal ne rassurait guère et qui eût voulu, à ce moment, être bien loin d'Alger, répondit que, personnellement, il n'avait aucune objection à présenter; et il s'offrait en même temps d'aller chercher l'approbation de l'Emir alors occupé au siège d'Aïn-Madhi, petite ville située à 120 lieues au sud d'Alger.

Le maréchal consentit à le laisser partir, mais après l'avoir obligé à donner son adhésion personnelle au traité et en le faisant accompagner de son gendre, le commandant de Salles, qui devait aller jusqu'à Aïn-Madhi et rapporter l'approbation de l'Emir. A Milianah, les khalifahs arrêtèrent nos messagers ; mais au bout de quelques jours, Ben Arach avait disparu, et le commandant de Salles, complètement mystifié, dut rentrer à Alger.

Le maréchal Valée considérait avec raison son projet de convention comme sans valeur, tant qu'il n'avait pas reçu la ratification de l'Emir ; mais le gouvernement, auquel il en avait référé considéra, lui, ce projet comme un véritable traité et le fit publier et distribuer aux Chambres. C'était la guerre inévitable, cette fois ; mais s'il fallait la faire, pourquoi avoir laissé échapper l'occasion de s'y résoudre au moment même où on pouvait espérer la terminer promptement, c'est-à-dire, alors qu'Abd el Kader était occupé au siège d'Aïn-Madhi et n'avait pas encore eu le temps d'achever l'organisation du pays ?

Un mot de ce siège d'Aïn-Madhi, un des épisodes importants de la vie d'Abd el Kader. L'Emir se trouvait à Médéah dont il avait fait sa nouvelle capitale, à cause de sa proximité d'Alger, lorsqu'il reçut la visite d'El hadj Aïssa, un des notables de Laghouat, accompagné de quelques-uns des principaux habitants de la ville. El hadj Aïssa venait l'informer que les tribus du sud le réclamaient pour chef, le bruit de sa piété, de la haine des chrétiens, de ses talents d'administrateur ayant pénétré jusque-là. Abd el Kader, flatté, lui donna un petit contingent et l'investit *khalifah de Laghouat*. Mais ce qu'El hadj Haïssa n'avait pas dit, c'est que Laghouat était divisé en deux camps : l'un formé de ses partisans, l'autre, de ceux d'un marabout très influent nommé Tedjini, chef du k'sar voisin d'Aïn-Madhi, et dont la puissance contre balançait la sienne. Cependant El hadj Aïssa partit, croyant que l'investiture du sultan des Arabes lui assurerait la suprématie sans conteste; mais il n'en fut rien et, bientôt, il appela à son secours Abd el Kader, non pas en lui signalant les faits comme un état habituel, mais comme le résultat des intrigues et de l'ambition de Tedjini. Abd el Kader, mal informé, voyant dans le marabout un homme qui cherchait à lui disputer le pouvoir dans la personne de son khalifah, se mit en route le 11 juin 1838, avec 2.000 fantassins, 200 cavaliers, 30 artilleurs et deux obusiers de 24. Aïn-Madhi était protégé par une forte muraille en pierres et une ceinture de palmiers qui permettait à des tirailleurs de faire impunément un feu des plus meurtriers sur les assiégeants.

Elle avait aussi pour elle le glorieux prestige du siège qu'elle avait soutenu victorieusement contre le bey d'Oran, en 1783.

L'Emir détourna le ruisseau qui alimentait le ksar; mais il s'y trouvait un puits intérieur qui suffisait aux besoins de ses habitants; il enleva cependant la ceinture de palmiers au prix de grands sacrifices et commença le feu contre les murailles; mais son feu fut inefficace. Le découragement commençait à se mettre dans la peu patiente armée, quand il reçut 400 obus que lui envoyait le gouverneur d'Alger, 4 pièces de canon qui lui étaient offertes par l'empereur du Maroc et surtout la nouvelle du retour de Ben Arach (il ne connaissait pas encore le résultat de sa mission et pouvait l'espérer bon). Les secours matériels et moraux ranimèrent le courage de ses troupes; de leur côté les assiégés étaient non moins fatigués. Pour Abd el Kader la question était capitale et, l'ayant entrepris, il ne pouvait lever le siège d'Aïn-Madhi, sans perdre de son prestige et de son influence, et voir peut-être un soulèvement général contre lui des tribus sahariennes. Les deux partis étant également fatigués, l'entente devenait facile. Elle se fit le 17 novembre 1838, signée par Tidjini et Moustapha ben Thamy, beau-frère de l'Emir. Les assiégés devaient évacuer la ville en cinquante-trois jours et Abd el Kader leur fournir les moyens de transport.

1839. — Ce traité étrange fut exécuté loyalement de part et d'autre et, le 13 janvier 1839, après plus de six mois de siège, l'Emir entrait à Aïn-Madhi. Ne jugeant pas utile d'occuper cette place, Abd el Kader se mit aussitôt à en faire abattre les murailles et, ce travail achevé, il reprit, le 21, le chemin de Tegdempt. Il y trouva Ben Arach. Celui-ci était inquiet de la réception qui l'attendait et ses craintes étaient justifiées. L'Emir en effet lui reprocha durement d'avoir outrepassé ses pouvoirs en donnant son approbation, même toute personnelle, au projet du maréchal Valée; il lui déclara qu'il ne renoncerait jamais à perdre le bénéfice du traité de la Tafna, dont les clauses étreignaient Alger dans un cercle formé par la mer, la Chiffa, les crêtes du petit Atlas et l'Oued Keddara. Dès ce moment on peut prévoir à brève échéance la rupture du traité de la Tafna.

CHAPITRE XII

Abd el Kader organisateur.

Pour bien faire connaître notre héros, il nous reste à le voir dans son rôle d'organisateur, depuis qu'il avait été proclamé sultan, en 1832, à l'âge de 24 ans, et ce qu'il avait fait d'un pays livré à la plus complète anarchie, jusqu'au moment où il fut arrêté dans son œuvre, par la reprise des hostilités en 1839.

C'est de la propre bouche de l'Emir que les détails de son organisation nous ont été connus, par l'exposé qu'il en fit plus tard, au fort Lamalgue, au colonel Daumas.

Nous avons exposé sommairement plus haut, comment il avait divisé son territoire et réparti le commandement entre ses khalifahs (commandants d'une province), les aghas (commandants d'un groupe de tribus) et les kaïds ou chefs de tribu. Au dessous des kaïds, les cheiks étaient leurs représentants dans les fractions de tribus (douars).

Quand la guerre recommença, l'immense territoire soumis à l'Emir ne comprenait pas moins de sept gouvernements ou khalifahlicks : Tlemcen, Mascara, Milianah, le Hamza, la Medjana, le M'Zab ou Sahara oriental et le Sahara occidental. « Mes ordres, dit l'Emir, arrivaient aux khalifahs, en descendant jusqu'aux cheiks ; des cheiks les rapports remontaient par la même filière jusqu'à moi. »

C'était, on le voit, une centralisation complète (1), n'ayant rien à envier aux savantes organisations de nos sociétés

---

(1) Voir plus haut, chapitre VI.

européennes, avec cet immense avantage sur celles-ci, qu'au lieu de s'égarer en des détails et des subdivisions à l'infini, chaque khalifa, chaque agha, chaque kaïd, chaque cheik, était, dans son ressort, le chef unique, presque absolu, aussi bien de l'administration proprement dite, que de la puissance judiciaire et militaire.

L'idée fixe de l'Emir était l'expulsion des chrétiens de la terre musulmane. Il avait eu soin de déléguer ses pouvoirs à la noblesse religieuse : les marabouts, les cheurfas, à l'exclusion de la noblesse militaire, les djouads. Il avait également éloigné du pouvoir, d'une façon impitoyable, tous les anciens représentants du gouvernement turc, si odieux au pays.

Pour prévenir, dans la mesure du possible, les abus de pouvoir et les exactions de ses délégués, il leur avait attribué une solde fixe pour subvenir à leurs besoins, sans négliger aucun moyen de s'instruire, même par lui-même, sur la bonne administration du pays, et en se faisant un devoir d'écouter, de provoquer les plaintes que pouvaient avoir à formuler ses sujets.

Au point de vue militaire, et autant pour se mettre à l'abri des coups, que pour contenir les tribus turbulentes du Sahara, il avait fait fortifier sur la limite du Tell : Sebdou, Saïda, Tegdempt, Taza, Boghar, Bel-Kherroub et Biskra.

S'il avait pu obtenir de ses peuples, auxquels il le demanda instamment plusieurs fois, mais sans succès, la destruction complète des villes du milieu : Médéah, Milianah, Mascara, Tlemcen dont l'occupation servit de base aux opérations du général Bugeaud et lui permit de s'avancer jusqu'au Sahara, nous n'aurions peut-être jamais pu arriver jusqu'à sa véritable ligne de défense.

Il possédait, — sans compter les contingents des tribus, qui lui fournissaient une force auxiliaire puissante, malgré son manque de cohésion et l'impossibilité où il était de les tenir longtemps éloignés de leurs tentes — une armée régulière de 8.000 fantassins, 2.000 cavaliers et 240 artilleurs. Son infanterie avait pour instructeurs des soldats de l'armée régulière du beylik de Tunis ou même des déserteurs français (1); elle obéissait à un règlement que lui-même avait tracé, et il traitait simultanément des exercices et des manœuvres, de la solde et de l'habillement; lui-même commandait sa cavalerie. De tactique réglementée, point. C'était une troupe faite surtout pour la guerre d'embuscades et d'escarmouches, dans laquelle elle excellait, du reste (2).

Tous ses réguliers étaient armés de fusils français ou anglais. Il fabriquait sa poudre à Mascara, à Milianah, à Médéah, à Tegdempt et à Tlemcen qui possédait aussi une fabrique de canons, extrêmement rudimentaire, il est vrai.

Pour faire face aux dépenses de son gouvernement, il lui fallait nécessairement établir des impôts ; les khalifahs étaient chargés de les recouvrer au printemps : la zekka (impôt sur les bestiaux) ; après la moisson, l'achour (impôt sur les céréales). Dans cette mission, les khalifahs avaient soin de se faire suivre d'un bataillon régulier, de quelques forces de cavalerie et même de canons; c'est que les Arabes ne reconnaissent au fond d'autre pouvoir que la force et que s'ils eussent vu les khalifahs, sans le déploiement militaire, ils eussent refusé l'impôt, quitte à le payer plus tard deux fois plus, au moment du châtiment; mais ils ne voient toujours que le moment présent.

Au reste, les khalifahs étaient autorisés à recevoir des

(1) Ce fut un Allemand de Munich nommé Geslinger, déserteur de la légion étrangère où il était caporal, qui avait organisé, dès 1834, son premier bataillon de fantassins réguliers (*Historique du 2e Tirailleurs*). Plus tard, nous l'avons vu plus haut, le maréchal Clauzel lui avait fourni lui-même des instructeurs.

(2) Voir appendice XVI (Description du camp de l'Emir) et appendice XVII (Pose et levée du camp; ordre de marche de l'Emir).

paiements en nature : denrées, mulets, chameaux, chevaux surtout, et les razzias qui avaient lieu pour punir les tribus indisciplinées, venaient encore ajouter à ces ressources. La consommation en chevaux de la cavalerie de l'Emir fut immense ; chaque cavalier en comptait au moins 7 ou 8 tués sous lui, beaucoup 12 et 15, un des fidèles compagnons d'Abd el Kader, tué en 1847, dans le dernier combat livré aux Marocains, en avait eu 18 !

Pour ne pas imposer l'entretien de son armée aux tribus suffisamment éprouvées déjà par les impôts et la corruption, il alimentait ses troupes au moyen de paiements en nature qui lui étaient faits de la zekka et de l'achour. Pour lui, jusqu'au moment où ses biens tombèrent au pouvoir des Français, en 1841, il ne toucha jamais rien de ces divers impôts. En 1839, poussé par la nécessité de frapper un impôt extraordinaire (maouna) il fit vendre sur la place publique à Mascara tous les bijoux de sa famille et, devant tant d'abnégation et de désintéressement, ce fut, parmi les Arabes, à qui verserait sa quote-part le premier.

Pour exciter l'émulation dans son armée, il crée une décoration (cheïa) consistant en une plaque d'or ou d'argent, de forme et de grandeur variées, suivant le grade, et portée sur la tête. Sur cette plaque on lisait les mots : Nâsseur ed din (celui qui vient en aide à la religion). Elle était destinée à récompenser les actions d'éclat et les services rendus à la religion ou au pays. Ceux qui la portaient avaient droit aux plus grands égards de la part de leurs chefs, pouvaient entrer librement chez tous, même chez l'Emir, et une haute paye leur était attribuée.

Abd el Kader considère également de son devoir de relever la religion et la science et, partant, d'établir des écoles; au-dessus, pour ceux qui veulent perfectionner leur instruction, sont les zaouïas (sortes de monastères, lieux d'études, de prière et d'aumônes) et les mosquées où l'enseignement est donné par les tolbas.

Animé d'un grand respect pour les livres, il cherche à inculquer ce respect à ses soldats en les récompensant lorsqu'ils lui en rapportent, au retour des razzias. Il avait l'intention de fonder une grande bibliothèque musulmane à Tegdempt, quand la prise de sa smala (1) lui fit perdre, en même temps, les livres qu'il avait rassemblés dans ce but.

La justice, la morale publique avaient également fait l'objet, de la part d'Abd el Kader, de réformes profondes; désormais aucune peine, si petite fût-elle, n'était prononcée sans jugement du kaddi, accompagné de ses assesseurs (adouls), et la sécurité était devenue complète, les routes absolument sûres. La prostitution était sévèrement réprimée; le luxe dans les vêtements proscrit; le vin, le jeu interdits, le tabac lui-même, sans être précisément défendu, était tombé en désuétude, devant l'exemple des grands, des marabouts et des tolbas.

Tel est l'édifice qu'avait ébauché Abd el Kader et que la reprise des hostilités ne lui permit pas de mener à bonne fin. Qu'eût-il fait encore s'il en eût eu le temps!

---

(1) Voir appendice XVIII, la Prise de la Smala.

CHAPITRE XIII

Rupture du traité de la Tafna.

Nous avons vu les complications qui naquirent, dès la signature du traité de la Tafna, notamment en ce qui concernait les délimitations des territoires soumis à l'Emir, et celui-ci trancher la difficulté en occupant tout simplement au delà de l'Oued-Keddara, les territoires qui lui étaient contestés. Nous avons vu le commandant de Salles courir après l'Emir avec un nouveau traité à lui faire ratifier, ayant ordre d'aller le trouver jusqu'à Aïn-Madhi, et revenir de Milianah sans avoir rempli sa mission après avoir été indignement joué par Ben Arach.

Cependant le maréchal Valée n'en tenait que davantage à obtenir la ratification tant désirée (d'autant plus que le gouvernement, nous l'avons dit, l'avait présentée comme chose acquise). Apprenant qu'Abd el Kader, retour d'Ain-Madhi, se trouvait à Milianah, il lui envoya de nouveau le commandant de Salles, avec l'ordre d'obtenir enfin une réponse catégorique, soit dans un sens, soit dans l'autre.

L'ultimatum était des plus embarrassants pour l'Emir; celui-ci, n'avait réussi, en effet, à faire consentir ses lieutenants au traité de la Tafna, qu'en donnant à l'article 2 le sens qu'il y attachait encore à ce moment et qu'il était raisonnablement en droit d'y attacher. Il sentait que la moindre concession sur ce point était se perdre irrémédiablement auprès de fanatiques qui ne se gênaient pas, du reste, pour lui reprocher de payer un tribut aux chrétiens, qu'il s'était engagé à jeter à la mer.

Dans l'impossibilité absolue de prendre la responsabilité

d'une décision aussi grave que celle qu'exigeait le gouverneur, il exposa franchement la situation au commandant de Salles, lui offrit de convoquer les personnages importants de ses tribus et de s'en rapporter à ce qu'ils décideraient, le commandant ayant la faculté d'assister au conseil et d'y présenter ses observations. Le commandant de Salles ne pouvait refuser cette satisfaction à l'Emir; l'assemblée eut donc lieu : pas une voix ne s'éleva pour approuver les propositions de la France; toutes, au contraire, furent unanimes à réclamer la guerre plutôt que la cession de la moindre partie des territoires, objets du litige.

Le maréchal Valée rendit compte aussitôt au gouvernement de la mission du commandant de Salles, en exposant les divers partis auxquels on pourrait s'arrêter. Le premier consistait à déclarer de nouveau à l'Emir que la France ne reconnaissait pas les chefs qu'il avait institués dans les territoires en litige, mais il avait l'inconvénient de laisser toujours pendante la question des limites contestées; la deuxième, était de déclarer la guerre immédiatement à l'Emir et de le chasser du Tittery en occupant Médéah et Milianah; le troisième, à occuper le Hamza et Dellys et à instituer un bey dans l'est sous notre protection.

En même temps. vers la fin de février 1839, Abd el Kader écrivait au roi Louis-Philippe lui-même une lettre fort digne où il protestait de son désir de maintenir la paix sur les bases d'un traité librement consenti des deux côtés (1), qu'il avait, lui, toujours respecté, tandis que nous n'y avions porté, nous, que trop d'atteintes.

Cette lettre pas plus que deux autres précédemment écrites, n'obtint de réponse et ce dut être un coup bien sensible pour l'orgueil de l'Emir. Cependant, telle était la sincérité de ses intentions pacifiques à ce moment, que le

(1) Voir appendice X.

ministère Molé étant tombé le 31 mars 1839, croyant voir là une occasion favorable à ses désirs, il écrit de nouveau au Roi, à M. Thiers, ministre des affaires étrangères et au général Gérard que les premiers bruits de la combinaison ministérielle nouvelle avaient désigné comme le Ministre probable de la guerre.

Cependant le nouveau Cabinet n'avait pas eu le courage de désavouer l'erreur de son prédécesseur, et laissait le Rapporteur de la Commission du budget déclarer que les « difficultés d'interprétation qu'avait soulevées le traité de la Tafna, étaient levées à l'avantage de la France et que la possession du pays au delà de l'Oued-Keddara nous était assurée. »

La guerre était inévitable, car si Abd el Kader ne pouvait faire aucune concession sur l'article 2 du traité de la Tafna, le gouvernement se trouvait acculé à rendre réelles, véritables, les déclarations anticipées qu'il avait faites aux Chambres et au pays. Toutefois, ne voulant pas ouvertement déclarer la guerre, il adopta la troisième proposition du maréchal Valée (1), et sans occuper définitivement Hamza, comme l'avait indiqué le Gouverneur, il décida de faire traverser par une armée le pays en litige, sauf à fournir ensuite à Abd el Kader, s'il protestait, telles explications qu'il jugerait utile de donner.

C'est ainsi qu'eut lieu la promenade infructueuse qui répond au nom retentissant d'expédition des Portes de fer (2), et qui consistait à faire partir une colonne de Cons-

---

(1) Occupation du Hamza et de Dellys ; institution d'un bey dans l'est du Tittery et de la Mitidja.

(2) Lorsque sous les yeux de nos charmants princes et de leurs aimables épouses (que Dieu garde !) on marche à la gloire en se précipitant (avec beaucoup de précautions) sur une jolie petite brèche bien gentiment préparée et rendue très praticable pour que la parisienne aux pieds mignons, y puisse passer à son tour ; lorsque sous une fusillade et une canonnade des plus innocentes, arrive enfin, après des exploits

tantine pour aboutir à Alger, en passant par les territoires que l'Emir réclamait comme siens. Le secret bien gardé de cette expédition, pendant qu'on faisait répandre le bruit d'une marche sur Bougie, fit que l'armée commandée par le duc de Nemours partie de Milah le 18 octobre, put franchir le défilé des Bribans, le 28, sans brûler une cartouche et arriver à Alger le 2 novembre, après un léger engagement près du pont de Ben-Hiny avec les contingents de Ben-Salem. Heureusement l'affaire se terminait bien, car pas une précaution n'avait été prise pour répondre vigoureusement à Abd el Kader, si celui-ci eût relevé le défi. Et ainsi se trouvaient une fois de plus, vérifiées, les paroles de M. Guizot : « La plupart de nos fautes, de nos malheurs en Afrique, tiennent à l'incertitude, à la fluctuation, au vague de nos intentions et de nos résolutions. »

Cependant Abd el Kader prévenu de cette violation de territoire accourt de Tegdempt à Médéah, y arrive le 3 novembre et écrit aussitôt au maréchal Valée :

« Nous étions en paix et les limites étaient clairement déterminées entre votre pays et le nôtre, quand le fils du Roi s'est mis en route avec un corps d'armée pour se rendre de Constantine à Alger, et cela, il l'a fait sans me prévenir, sans m'écrire un mot pour expliquer une pareille violation de territoire. Si vous m'aviez fait connaître qu'il avait l'intention de visiter notre pays, je l'aurais accompagné moi-même ou fait accompagner par un de mes khalifahs. Mais, loin de là, vous avez publié que toute la contrée située entre Alger et Constantine n'avait pas d'ordres à recevoir de moi. La rupture vient de vous. Mais pour que vous ne m'accusiez pas de trahison, je vous préviens que

---

couronnés des plus brillantes éloges, une charmante petite décoration qu'une main courtoise attache à votre boutonnière ou à un grade qu'une guerre pacifique vous a mérité à tous égards, vivent les camps ! » (De Montagnac, *Lettres d'un Soldat.*)

je vais commencer la guerre ; préparez-vous donc, prévenez vos voyageurs, vos isolés, en un mot prenez toutes vos précautions comme vous l'entendrez. »

Cette lettre fait justice de l'accusation trop légèrement portée contre l'Emir d'avoir envahi la Mitidja à l'improviste sans avoir dénoncé les hostilités.

Par le même courrier, il mandait à ses khalifahs : « La trahison est partie de chez l'infidèle ; les preuves de perfidie ont éclaté ; il a traversé sans mon autorisation le pays qui m'est soumis. Relevez vos burnous et serrez vos ceintures pour le combat ; il est proche. Le trésor public n'est pas riche ; vous-même vous n'avez pas l'argent nécessaire pour faire la guerre. Donc, aussitôt cet ordre reçu, prélevez la maouna. Hâtez-vous et venez me joindre à Médéah, où je vous attends. Salut ! »

Au lieu de se hâter de profiter de l'avis de l'Emir, de rappeler nos colons disséminés dans la plaine pour les mettre à l'abri dans nos camps, le gouverneur rend compte à Paris des événements et envoie vers l'Emir l'inévitable Ben Durand. Celui-ci était chargé de dire à Abd el Kader de ne pas brusquer les choses, que des ordres étaient attendus de Paris, que tout s'arrangerait probablement. Ben Durand arriva à Médéah le 14 novembre 1839 et trouva Abd el Kader entouré de tous ses khalifahs. Ceux-ci écoutèrent la lettre du gouverneur, les explications de Ben Durand qui prit sur lui de déclarer que le fils du Roi n'avait eu d'autre intention, loin de vouloir les tromper ou les humilier que de faire une promenade et se distraire ; cette affirmation avait presque désarmé l'Emir ; mais les khalifahs voulaient la guerre et traitaient déjà l'Emir d'infidèle (kâfer). Ils ajournèrent leur décision au lendemain qui était le 11 du mois de ramadan. Le lendemain arriva et, sans exception, ils se prononcèrent pour la déclaration immédiate de la guerre sainte. « Jurez donc, leur dit l'Emir puisque vous voulez la guerre, jurez-moi que jamais vous ne me trahirez! » Une acclamation lui répondit; la guerre était décidée.

Le jour même, Ben Durand fut renvoyé au maréchal Valée avec une lettre où il était dit que, puisque depuis quinze jours, aucune explication satisfaisante n'avait été fournie par le gouvernement français relativement à la violation du territoire dont il s'était rendu coupable, il eùt à se préparer à la guerre, Et aussitôt, le 13 du mois de ramadan (20 novembre 1839) les khalifahs Ben Allal et Benkani envahissaient la plaine de la Mitidja par le sud et l'ouest tandis que Ben Salem y pénétrait à l'est.

Voyons, rapidement, au moment de la rupture du traité de la Tafna, après une période de paix de 2 ans et 1/2, quelle était la situation respective des deux ennemis en présence.

A l'ouest, la France possède Oran, Mostaganem et Arzew et autour de ces places une zone très limitée. Dans la province d'Alger nous occupons la partie de la plaine de la Mitidja, située sur la rive droite de la Chiffa, mais notre autorité est des plus précaires; et pour protéger nos établissements, nous avons dù multiplier les camps: à l'Oued-el-Halleng, à Blidah, à Saïda, à Kada-Moustapha, au Fondouk, et établir des blockhaus en nombre de points intermédiaires.

A l'est, la France possède, avec un commencement d'organisation sérieuse, la province de Constantine, moins les pays voisins de la Kabylie et de la régence de Tunis, moins aussi la Medjana et la partie saharienne.

Quant à Ald el Kaber, tout le reste de l'Algérie lui obéit, à la seule exception de la Kabylie du Djurjura, qui est restée indépendante, mais lui est ouvertement favorable. L'Emir possédait, en outre, nous l'avons vu, une véritable armée régulière et avait aussi à sa disposition d'immenses contingents irréguliers (1). C'est contre une population tout entière en armes que nous allons avoir à lutter, contre une

---

(1) Voir appendice XVII.

sorte de Vendée musulmane, aux difficultés de laquelle viennent encore s'ajouter celles d'un pays coupé de montagnes; ailleurs, profondément raviné, sillonné de torrents, sans routes, sans ponts, sans abris, sans refuge pour les malades et les blessés.

La journée du 20 novembre voit débuter les hostilités, et les deux journées qui suivirent comptent parmi les plus tristes dans les annales de notre conquête; partout, par l'imprévoyance inexplicable du gouverneur, nos détachements sont surpris, anéantis, nos colons massacrés. Ceux qui parviennent à échapper à l'ennemi laissent entre ses mains leurs troupeaux, leurs maisons, et c'est à la lueur de l'incendie qui dévore leur fortune, qu'ils arrivent à Alger, dans un sauve-qui-peut général, et y répandent par des récits qu'exagère la frayeur, une terreur sans bornes. La terreur redouble quand on apprend que le maréchal Valée vient de faire déménager la villa qu'il possédait aux portes d'Alger, sous les canons du fort!

La ville elle-même n'est donc pas en sûreté? Et cependant le maréchal disposait rien que dans la province d'Alger, d'une force de 20.000 hommes qui, éparpillée, sans ordre, ne put s'opposer aux ravages de 3.000 cavaliers! Ceux-ci, leur œuvre de destruction accomplie, purent se retirer sans être inquiétés, chargés de leur butin, les uns à l'est, les autres à l'ouest, d'autres enfin, vers les montagnes des Beni-Salah, d'où Ald el Kader avait surveillé ses lieutenants.

Le gouverneur, auquel la leçon a profité, fait évacuer tous les petits postes, concentre ses troupes, que les renforts reçus de France portent maintenant à 33.000 hommes, et se prépare à prendre l'offensive.

CHAPITRE XIV

Le gouverneur général Bugeaud.

1840. — Les huit années qui séparent la rupture du traité de la Tafna de la soumission de l'Emir, peuvent se diviser en deux périodes : la première, c'est celle de notre conquête (1840-1844) ; la seconde, celle de l'invasion par l'Emir, après sa première fuite au Maroc.

Voyons maintenant quelle est la tactique à laquelle se rangent les deux adversaires.

Instruit par ce qu'il sait, par ce qu'il a vu de notre organisation militaire, Abd el Kader est plus convaincu que jamais que ses bandes, même ses réguliers, ne peuvent impunément se heurter à nos bataillons, avec leur discipline au feu, leur précision mathématique. Aussi renouvelle-t-il formellement à ses lieutenants l'ordre de ne nous opposer jamais de masses importantes, ni de nous attaquer de front, à moins de circonstances exceptionnellement favorables et d'une grande supériorité numérique sur nous. Ce qu'ils doivent faire, c'est harceler sans cesse nos colonnes sur leurs flancs, sur leurs derrières, gêner et ralentir nos marches, entraver nos convois.

De son côté, profitant de l'expérience si chèrement acquise, le maréchal Valée prend la détermination, non plus de chasser seulement Abd el Kader des places qu'il occupe, mais d'occuper lui-même chacune de ces places.

Si les expéditions successives dirigées sur Mascara et Tlemcen et restées sans fruits, par suite de l'abandon de ces villes aussitôt après les avoir prises, avaient été exécutées sur ce plan, la guerre eût été abrégée de bon nombre d'années. A l'est, l'occupation de Sétif et de Guelma, en même temps que celle de Constantine, ne nous avaient-elles pas permis d'établir dans cette province un commencement d'organisation, en asseyant notre pouvoir dans le pays et en nous donnant le contact avec les tribus et une certaine action sur elles ?

Mettant donc immédiatement en pratique son nouveau plan, le gouverneur s'empare de Cherchell, et, de là, menace Milianah, tandis qu'une colonne profitant de cette diversion, se dirige sur Médéah. Elle franchit le col de Téniah (12 mai 1840) malgré les retranchements construits par l'Emir, et entre dans la ville qu'elle trouve, du reste, vide de ses habitants.

Pour l'enlèvement du col de Téniah-de-Mouzaïa, l'armée avait été divisée en trois colonnes : La *première*, commandée par le duc d'Orléans, sous la direction du général Duvivier ; la *deuxième*, comprenant les zouaves et le bataillon de tirailleurs sous les ordres du colonel de Lamoricière ; la *troisième*, formée par le 2e léger, était conduite par le colonel de Changarnier. Le lieutenant de Mac-Mahon, du 20e de ligne, prit une part glorieuse à cette affaire. Il arriva le premier sur le col, et pour ce fait, reçut la croix de la Légion d'honneur : il avait 22 ans, l'affaire nous coûtait une soixantaine de morts et environ 300 blessés, dont les généraux de Rumigny et Marbot.

Après avoir placé une garnison dans Médéah, le gouverneur se replie sur Blidah, et, sans perdre de temps, s'élance sur Milianah qu'il trouve également évacué et en proie à un commencement d'incendie qui, heureusement, n'a pas de suites importantes.

Trop faibles cependant, les garnisons de Médéah et de Milianah étaient impuissantes à répondre aux insultes qui leur étaient faites et à se ravitailler elles-mêmes. Réduites à garder les murailles à l'intérieur desquelles elles étaient étroitement bloquées, elles voyaient les Hadjouths et Ben Salem, continuer impunément sur leurs derrières, à ravager la Mitidja. Cette situation nécessitait, par suite, des ravitaillements fréquents, qui ne pouvaient s'effectuer qu'à l'aide de fortes colonnes, ayant toujours l'ennemi devant elles, prêt à leur disputer le passage.

Parmi ces ravitaillements, il convient de citer celui de Médéah, effectué avec plein succès et au moyen d'une troupe relativement faible, par le colonel Changarnier resté plein d'audace et de courage au milieu de l'abattement qui avait gagné certains chefs de corps.

Dans la province d'Oran, on se battait tous les jours.

La plus sérieuse affaire eut lieu d'abord devant Mostaganem (2-6 février 1840). La garnison, ayant voulu se porter au secours de Mazagran, vivement attaqué, fut refoulée avec pertes presque sur les glacis. Une compagnie composée de Turcs et de Kolougblis fut même cernée et détruite, dans un jardin, clos de murs, entre Mostaganem et Mazagran. Ce dernier poste courut le plus grand risque d'être enlevé, les hommes n'avaient plus que trois cartouches quand l'ennemi s'éloigna. Le nombre des défenseurs ne dépassait pas 125, commandés par le capitaine Lelièvre, du bataillon d'Afrique. Ils étaient sans vivres, et n'en soutinrent pas moins un blocus de quatre jours (du 2 au 6 février 1840). Ils avaient eu à repousser les assauts furieux de 10.000 cavaliers et de 300 fantassins arabes.

Le 12 mars, le colonel Yusuf eut, à quelque distance de Misserghin, une affaire, assez témérairement engagée d'ailleurs, et qui aurait pu se terminer par un désastre. Les Arabes ne quittèrent le combat qu'à 5 h. 30 et en voyant déboucher des hauteurs de Misserghin, les renforts qui arrivaient d'Oran, au secours du colonel.

Le 20 août 1840, le général de Lamoricière prit le commandement de la province d'Oran, succédant au général Guéhéneuc.

Cependant les événements prouvaient chaque jour que le commandant supérieur manquait de l'activité qui était indispensable dans de semblables circonstances, et peut-être bien aussi de la véritable notion de ce que devait être une guerre de ce genre. Son grand âge, toute sa longue carrière faite dans l'artillerie, sont les excuses du maréchal Valée (1). Il est juste de dire aussi que le gouvernement s'était toujours montré d'une rare avarice dans les moyens mis à sa disposition.

Le maréchal Valée fut donc rappelé en octobre 1840. Il fut remplacé par le général comte de Schramm, vieux soldat de l'empire, d'incontestable valeur, mais pas assez actif et entreprenant pour son nouvel emploi.

Le conseil des ministres, présidé par le duc de Dalmatie, jeta alors les yeux sur le général Bugeaud, qui fut nommé gouverneur général par ordonnance du 29 décembre 1840.

1841. — Le nouveau gouverneur prit possession de son commandement le 22 février 1841. Il arrivait suivi de 25.000 hommes qui portaient à 85.000 le chiffre de l'armée d'Afrique et de deux fils du roi : le duc d'Aumale et le duc de Nemours, qui venaient le seconder dans sa tâche et la faciliter de leur prestige, tout en donnant le plus magnifique exemple du respect et de la discipline.

A ce déploiement de forces, Abd el Kader répond par

---

(1) « L'égoïsme du maréchal, son impéritie font frémir. Il n'écoute qu'un seul homme qui a sur lui un empire extraordinaire ; c'est son gendre qui, au dire de ceux qui le connaissent, est tout à fait au-dessous des fonctions qui lui sont confiées. C'est pourtant lui qui dispose des honneurs et des récompenses et qui pétrit toutes les affaires du pays. Pour obtenir quelque chose il faut être bien avec M. de Salles; c'est déplorable. Le chef de l'état-major de l'armée, le général Schramm, est absolument annulé : les ordres qu'il donnait dans les commencements étaient contrôlés ou dénaturés par M. le lieutenant-colonel de Salles; il a fini par ne plus s'occuper de rien. On ne peut se faire une idée du désordre qui règne dans toutes les parties du service, du peu d'ensemble qu'il y a dans les opérations. Chacun fait à sa tête. Jamais l'armée n'a été conduite d'une manière aussi pitoyable. » (De Montagnac). (*Lettres d'un soldat*).

une agitation religieuse qui s'étend de Tunis au fond du Maroc. Les marabouts et les khouans parcourent les tribus et surexcitent le fanatisme ; à leur parole ardente, c'est un indescriptible élan qui se produit sur tous les points à la fois de ce vaste territoire. Tous les hommes valides s'enrôlent pour la lutte; ceux qui n'ont pas de fusils combattent avec des pierres et ceux qui ne peuvent combattre, envoient de la poudre, des armes, de l'argent!

Dès son arrivée, le général Bugeaud prépare son plan de campagne. Il consiste : 1° à jeter dans Médéah et Milianah des garnisons puissantes, capables, non plus seulement de garder ces villes, mais de faire des sorties et de menacer l'ennemi, pris ainsi entre les colonnes mobiles et les postes d'occupation fixes; 2° à se diriger, par le Chélif, de Milianah sur Mostaganem ; et, sa jonction faite avec les troupes de la province d'Oran, de poursuivre Abd el Kader sans merci; 3° à organiser les tribus qui resteront ainsi sur les derrières de nos colonnes, en leur donnant de nouveaux chefs gagnés à notre politique et, sur les divisions et les rivalités qui en seront la conséquence, à édifier l'autorité de la France.

Si ce plan était bien conçu, l'exécution en fut merveilleusement secondée par une pléïade de lieutenants qui ont noms : Pélissier, Mac-Mahon, Randon, Baraguey-d'Hilliers, Bosquet, Canrobert, Saint-Arnaud, Vaillant, d'Arbouville, Bedeau, de Bourjolly, Camou, Cavaignac, Changarnier, Duvivier, Gentil, Géry, Yusuf, de Lamoricière, Mary, de Martimprey, de Montauban, Morris, Daumas, l'incomparable chef d'état-major pour les affaires indigènes, et tant d'autres!

Le 1er avril, le général Bugeaud entre en campagne. Il commence par ravitailler Médéah et Milianah; puis, laissant la colonne aux ordres du général Baraguey d'Hilliers, il part pour la province d'Oran, arrive à Mostaganem où les troupes étaient concentrées, se met à leur tête et se dirige sur Tegdemt, principal boulevard de la puissance militaire de l'Emir.

Le 24 mai, après plusieurs combats dans l'oued Relouk et chez les Flittas, le gouverneur entre dans la place qu'il trouve vide, et la détruit sous les yeux de l'ennemi qui couronnait les crêtes environnantes ; le même jour, le général Baraguey d'Hilliers faisait sauter les remparts de Taza, autre point fortifié d'Abd el Kader, après s'être emparé, chemin faisant, de Boghar.

En revenant de Tegdemt, le général Bugeaud occupe Mascara (30 mai) et après vingt-quatre heures de repos, se dirige sur Mostaganem où il arrive le 3 juin. Durant cette marche, il eut à soutenir un très chaud combat d'arrière-garde, au passage d'Akbet-Kredda.

Dès que les grandes chaleurs sont passées, le gouverneur songe à continuer son œuvre : il parcourt les tribus de la rive gauche du Chélif, obtient quelques soumissions, ravitaille Mascara, puis, s'enfonçant dans le sud, prend et détruit Saïda. Située à la limite du Tell et des Hauts-Plateaux, cette ville exerçait une grande influence sur les régions avoisinantes et par conséquent sur la Yacouba, peuplée de tribus belliqueuses et inquiètes. C'est à Saïda que, suivant l'expression de M. Camille Rousset, l'Emir venait se reposer des fatigues de la guerre et jouir d'un repos qui lui permettait de caresser mollement ses grandes idées d'avenir.

A une journée de Saïda, nous avions été attaqués la nuit, très sérieusement par les Arabes, qui arrivèrent jusqu'à nos faisceaux, sur l'emplacement du marabout de Sidi Aïssa Mammo. Le lendemain, notre arrière-garde fut également inquiétée pendant toute la marche.

Pendant ce temps, Abd el Kader jusque là constamment en vue de nos colonnes, avait soudain disparu et l'on se demandait où il était, quand on apprit que, retournant en arrière, il venait de razzier les Douairs, nos alliés, sous les murs même d'Oran, dans un de ces coups de main que permettait seule une mobilité comme celle de ses troupes.

Pendant son retour de Saïda, le général Bugeaud fit ravager la guetna de Mahhi ed Din, célèbre par ses aumônes, sa bibliothèque et l'école de tolbas que dirigeait Si Saïd lui-même, frère de l'Emir. C'étaient les lieux où avait grandi Abd el Kader et où il avait été proclamé sultan. Moissons, fourrages, tout fut livré aux flammes : c'était la revanche de l'incendie de la Mitidja.

Dans le même temps, il est vrai, 600 cavaliers ennemis se montraient sous les remparts d'Oran et un engagement des plus vifs, qui se terminait, du reste, à notre avantage, avait lieu à Sidi-Abd-el-Kader-ben-Lazereg.

Les deux campagnes du printemps et de l'automne (1) de 1841 avaient, comme on le voit, donné d'excellents résultats ; mais l'Emir n'avait pu être atteint ; ses troupes régulières n'étaient pas entamées, et, en somme, sa puissance restait intacte.

De plus en plus convaincu de la nécessité pour nous de mettre à l'abri des coups d'Abd el Kader les tribus qui feraient leur soumission à la France, le gouverneur fait transporter, au commencement de 1842, le quartier général de la division d'Oran à Mascara même et, aussitôt, toutes les tribus établies entre cette ville, le Chélif et la mer, se rendent au général de Lamoricière.

1842. — Tranquille maintenant sur ses derrières, le général Bugeaud peut consacrer toutes ses forces à l'attaque, et son premier acte est de s'emparer de Tlemcen, la

---

(1) Les expressions « campagne de printemps, campagne d'automne » n'ont qu'une valeur très relative. « Abd el Kader, n'en déplaise à la grande mémoire des Bugeaud, des Lamoricière, des Changarnier, menait la guerre à sa guise sans égard aux saisons, et lorsque ses adversaires avaient le plus besoin de repos, c'était ce temps là qu'il choisissait justement pour les empêcher de faire la sieste. » (Camille Rousset : *La Conquête de l'Algérie*).

seule ville que l'Emir possédât encore dans la province d'Oran.

Le général Bedeau occupa cette ville le 24 février 1842. Au mois d'avril suivant, il était remplacé à Mostaganem par le général d'Arbouville.

Abd el Kader qui s'était réfugié dans les montagnes de Nédromah, subit deux échecs successifs et est obligé de se replier vers sa smala, au sud. Il revient bientôt pour châtier les tribus de Nédromah que l'habileté du général Bedeau a détachées de sa cause et armées contre lui; mais il est battu une troisième fois, au commencement d'avril, sous les murs même de Nédromah, et il s'enfuit vers le Sahara, entraînant les Hachems à sa suite.

Pendant que le général Bedeau opère sur les confins du Maroc, trois colonnes se mettent en mouvement : la première, commandée par le gouverneur lui-même, suit la vallée du Chélif pour aller se joindre à la colonne de Changarnier, venant de Blidah ; la troisième, sous les ordres de Lamoricière (1) est chargée de refouler Abd el Kader vers le sud et de l'isoler des tribus que Bugeaud et Changarnier vont avoir à combattre.

Ceux-ci obtinrent de nombreuses soumissions et livrèrent de nombreux combats qui furent autant de succès

---

(1) « Tout ce que fait le général Lamoricière à Mascara est admirable ; il sort de cette tête de soldat des idées plus brillantes, plus lumineuses tous les jours. Jamais homme n'a eu plus de difficultés à vaincre, et jamais homme ne s'est tiré d'un pareil dédale avec plus d'audace, plus d'intelligence que lui. Entouré de gens incapables de lui donner une idée (et toujours plutôt disposés à lui jeter des bâtons dans les jambes), il a trouvé dans son génie, dans son activité, dans sa fermeté, tous les moyens de créer, de renverser, de réédifier de nouveau, enfin d'établir son installation sur des bases solides.

« Le général Lamoricière est un homme bien supérieur à tous les autres et on ne l'élèvera jamais assez dans l'opinion publique. Quant à moi, je renonce à trouver les expressions suffisantes pour rendre à ce brave général le tribut d'éloges qu'il mérite. » (De Montagnac : *Lettres d'un soldat.*)

pour nos armes. Quant à Lamoricière, il poursuivait, dans l'extrême Sud, les tribus qui venaient de se rallier à l'Emir, quand il apprit que celui-ci était lui-même dans les environs de Mascara, et songeait à châtier les tribus qui avaient embrassé notre cause.

Lamoricière s'élance aussitôt à la poursuite de l'Emir, mais pendant qu'il le croit devant lui, celui-ci s'est brusquement dérobé, a passé sur les derrières de la colonne du général et a incendié El-Bordj, capitale des Bordjïas.

Pendant que nos colonnes déconcertées par cet insaisissable ennemi le cherchent un peu partout, car partout sa présence est signalée, il traverse avec une rare audace la vallée du Chélif, entre la colonne du général Bugeaud et la mer, razzie au-dessous de Milianah les tribus qui l'ont abandonné, puis se retire au Sud, pour ne reparaître que lorsque nos colonnes seront rentrées dans leurs cantonnements (1)

La campagne de 1842 n'était pas sans résultats appréciables : l'occupation de Tlemcen ; les Kabyles du massif de Nédromah, détachés d'Abd el Kader ; de nombreuses soumissions de tribus, étaient de réels avantages ; mais nos alliés restaient sans sécurité ; impuissants à se défendre eux-mêmes, nous l'étions également à les défendre ; et ces pauvres tribus, obligées tour à tour par l'inéluctable nécessité de se donner à la France et à l'Emir, étaient tour à tour châtiées par nous et par l'Emir, de leurs soumissions et défections successives.

Ecoutons le maréchal Saint-Arnaud nous dépeindre cette situation :

« Nous voulons protéger nos alliés et les positions, les distances rendent toute protection très difficile, avec des

---

(1) Sebdou, à dix-huit lieues au sud, sur le territoire des Ouled-Ouniach, et à six lieues de la frontière marocaine, fut détruit. Sebdou faisait partie de cette ligne de forts que jalonnaient Saïda, Tiaret et Thaza.

ennemis qui, mieux servis que nous, plus légers, plus mobiles, font vingt lieues dans une nuit, tombent sur leur proie et l'enlèvent. Quand nous sommes prévenus, ils ont déjà gagné leurs repaires ; le mal est fait, mal profond et difficile à guérir. La réparation est très chère pour nous et illusoire pour les victimes qui nous crient : « Protégez-nous donc! on nous a pris nos femmes, nos enfants, nos troupeaux ; nous nous sommes donnés à vous, rendez-nous nos biens ». Et Abd el Kader est là, qui leur fait dire : « J'ai vos femmes, vos enfants, vos troupeaux ; quittez les Français, revenez à moi, je pardonne, je rends tout. » Voilà la guerre d'Afrique! On se fanatise à son tour, et cela dégénère en une guerre d'extermination. »

Un seul remède pouvait être apporté à cet état de choses. Imiter l'organisation de l'Emir, grouper les tribus qui nous étaient soumises en khalifaliks et en aghaliks, et leur donner ainsi une force suffisante pour se défendre sérieusement contre les retours d'Abd el Kader.

1843. — Dès le début de 1843, à peine le gouverneur est-il rentré d'Alger, qu'Abd el Kader, suivi de ses deux meilleurs lieutenants, Ben Allal et Berkani, reparaît dans la plaine du Chélif et chez les Beni-Massers. L'insurrection éclate sur leurs pas comme une traînée de poudre et Changarnier est obligé de se replier pour protéger la Mitidja de nouveau menacée. Mais nos troupes reprennent aussitôt la campagne et refoulent Abd el Kader dans le Dahra, d'où il regagne le pays des Beni-Ourahgs.

Cette insurrection avait démontré que l'occupation de Cherchell, de Milianah et de Mostaganem était insuffisante pour nous permettre d'asseoir solidement notre autorité sur les tribus enclavées dans ce triangle ; *elle eut pour résultat la fondation d'Orléansville* (sur les ruines de l'ancienne El-Amam) au milieu de la vallée du Chélif, *et celle du camp de Tiaret,* qui fermait la frontière du sud.

Pendant que le gouverneur rétablit l'ordre dans la vallée

du Chélif, que le général de Lamoricière opère du côté de Tiaret, le duc d'Aumale récemment nommé au commandement de la subdvision de Médéah, se porte dans le sud, à la recherche de la smala d'Abd el Kader qui s'était rejetée sur Taguin, et, par un coup de main aussi heureux que téméraire, il fait à la puissance de l'Emir, le 16 mai 1843, la plus grave atteinte qu'elle eût encore reçue jusque là.

Nous ne saurions mieux faire, pour donner une idée exacte de l'importance de ce fait d'armes, que de citer Abd el Kader lui-même, d'après le général Daumas :

« Quand ma smala (1) a été attaquée par le duc d'Aumale, je n'évalue pas à moins de 60.000 âmes la population qu'elle renfermait ; il n'en a pas été enlevé la dixième partie. J'avais avec moi les tribus entièrement organisées des Hachems, des Beni-Médians, des Oulads-Chérifs, des Oulads-el-Akreud, des Beni-Lents, des Beni-Maïdas, des Akermas, des Sdamas, des Kelafas, des Oulads-Chaibs, des Oulads-Khélif, des Hallouïas et de plus, des fractions d'à peu près toutes les tribus qui s'étaient rendues à vous.

» Ces fractions étaient composées de marabouts, de tholbas, de chefs enfin, qui n'avaient pas voulu vivre sous vos lois. Ils m'étaient très utiles, parce qu'ayant tous eu de l'influence dans leur pays, ils y avaient conservé des relations, et me tenaient informé de vos mouvements.

» Ce monde s'étendait depuis Taguin jusqu'au djebel Amour. Quand un Arabe y avait perdu sa famille, il lui fallait quelquefois deux jours pour la retrouver et si un troupeau de gazelles venait à se lever sur son passage, il était tué sans qu'il fût besoin de tirer un coup de fusil, et cela rien qu'avec les bâtons des hommes du peuple. Là où

(1) Le mot smala n'a pas de similaire en français ; il désigne une réunion considérable d'individus, tout en impliquant, pour cette réunion, une idée de locomotion ; quelque chose comme *l'agmen* des Romains.

nous campions, nous mettions à sec les ruisseaux, les puits, les mares. Aussi, avais-je établi avec soin un service pour reconnaître les eaux et empêcher les troupeaux de les salir ou de les gaspiller. Malgré ces précautions il est mort beaucoup de monde par la soif.

» Ma smala renfermait des armuriers, des selliers, des tailleurs, tous les ouvriers nécessaires à notre organisation; il s'y trouvait un immense marché fréquenté par les Arabes de la lisière du Tell. Quant aux grains, ou ils nous étaient apportés, ou nous allions nous en approvisionner, nous-mêmes, dans les tribus du nord.

» L'ordre du campement des tribus était parfaitement réglé. Quand j'avais dressé ma tente, chacun connaissait l'emplacement qu'il devait occuper. Autour de moi, de ma famille, de mon petit trésor, j'avais toujours trois à quatre cents fantassins réguliers, mes khialas, et puis les Hachems d'Eghris, qui m'étaient dévoués plus que tous les autres. Tu vois par là qu'il n'eût pas été facile d'arriver jusqu'à moi; non pas que je prisse mes précautions par un sentiment de crainte, mais je sentais que j'étais nécessaire pour accomplir l'œuvre de Dieu, car j'étais le bras qui portait son drapeau.

» Au lieu de se garder dans les environs de la smala, j'avais donné aux miens la bonne habitude d'aller vous observer chez vous. Je me trouvais, moi, du côté de Tegdemt, observant la division d'Oran qui était dans le voisinage et dont je croyais avoir le plus à redouter; j'avais avec moi quinze à seize cents cavaliers; Bel Kharroubi était chez les Flittas, Ben Allal dans l'Ouarsenis, Moustapha ben Thamy chez les Beni-Ouraghs. Mais je n'avais pas cru avoir à me méfier du côté de Médéah et aucun de mes khalifahs ne surveillait le Fils du Roi.

» Malgré cela nous n'eussions pas été surpris si Dieu n'avait pas aveuglé les miens. Mais en voyant arriver vos spahis avec leurs burnous rouges, on crut dans la smala que c'étaient mes khialas (1) qui rentraient avec moi. Les femmes poussaient des cris de joie en notre honneur; elles ne furent désabusées que lorsque les premiers coups de fusil partirent. Ce fut alors une confusion inexplicable qui annihila les efforts de ceux qui voulaient se défendre. Si je m'étais trouvé là, nous aurions combattu pour nos femmes, pour nos enfants, et vous eussiez vu sans doute un grand jour. Mais Dieu ne l'a pas voulu; je n'ai appris ce malheur que trois jours après, il était trop tard! »

A partir du moment de la prise de la smala, traqué sans relâche par les généraux Bugeaud, de Lamoricière, Bedeau, de Bourjolly et par les colonels Yusuf et Géry, manquant de grains et de munitions, Abd el Kader n'a plus qu'une pensée : détourner sur lui l'attention des colonnes françaises pour permettre aux restes de sa smala de se rapprocher du Maroc.

Pour réaliser ce projet, il rappelle à lui Ben Allal. Mais celui-ci est surpris, le 11 novembre 1843 au matin, non loin de Sidi-Yaga, au pied du djebel Dlâa, par le colonel Tempoure qui l'a poursuivi sans aucun repos pendant quatre jours et quatre nuits; il voit sa petite armée entièrement détruite et lui-même trouve la mort dans le combat.

« Après avoir lutté jusqu'au bout, dit M. Camille Rousset, Ben Allal, voyant le désastre irréparable, avait tourné bride. Un officier de spahis, le capitaine de Cassaignolles qui, sans le connaître, l'avait distingué à la richesse de ses vêtements, se mit à sa poursuite avec un maréchal des logis de son escadron et deux brigadiers de chasseurs. Tout près d'être atteint sans espoir de salut, résolu à vendre chèrement sa vie, Ben Allal fit volte-face, tua d'un coup de fusil le brigadier Labossage, abattit d'un premier coup de pistolet le cheval du capitaine, blessa d'un second le

(1) Le costume de nos spahis était à peu de chose près semblable à celui des khialas (cavaliers réguliers de l'Emir).

maréchal des logis Siquot qui venait de lui asséner un un coup de sabre et, le yatagan au poing, continuait à se défendre, quand le brigadier Gérard termina cette lutte désespérée par un coup de feu qui l'atteignit en pleine poitrine. Il était borgne : ce fut à ce signe qu'on le reconnut. Sa tête fut envoyée dans un sac de cuir au général de Lamoricière. Le général qui, jadis en 1839, au temps de la trêve avec Abd el Kader, avait entretenu avec lui des relations amicales, ne put contempler sans émotion les traits de ce noble et vaillant adversaire. Le maréchal Bugeaud donna l'ordre que son corps fut inhumé à Coléah, dans le tombeau de ses ancêtres et qu'on lui rendît les honneurs militaires, tels qu'ils sont dus à la dépouille mortelle d'un officier général. »

Abd el Kader perdait dans Ben Allal le meilleur de ses lieutenants. A la nouvelle de ce désastre, plusieurs tribus lui font défection.

Accablé, il est forcé de se réfugier sur le territoire marocain avec sa smala considérablement réduite et qui porte dès lors le nom de déïra (diminutif de « douar » qui ne désigne lui-même qu'une fraction de tribu).

Si la prise de la smala domine tous les autres faits de l'année 1843 par une importance incontestée, certains événements secondaires de la même époque ne méritent pas moins d'être signalés. Revenons en arrière.

Le 24 mai 1843, en rejoignant Oran, Moustapha ben Ismaïl s'étant écarté de la route que lui avait tracée Lamoricière, fut surpris, dans le pays des Flittas, aux environs d'Aïn-Sidi-Harrat, au passage d'un défilé. Lâchement abandonné par ses hommes, qui furent pris d'une folle panique, le vieux et brave chef du Maghzen tomba au pouvoir de l'ennemi, qui envoya sa tête et sa main droite à l'Emir.

Le 19 juin, le bruit se répand à Mascara que l'Emir a reparu chez les Assasenas; en effet, il était à Djeddah, occupé à faire recueillir des grains destinés à ce qui restait de sa smala. Le colonel Géry marche contre lui et le rejoint le 22 à 5 h. 30 du matin. Les spahis et le maghzen abordent franchement l'ennemi. Abd el Kader dirige sur eux ses forces. Ne pouvant enfoncer la double ligne de réguliers à pied et à cheval qui leur est opposée, nos soldats la tournent et entrent dans le camp au moment où le bataillon du commandant de Marcy et celui du commandant Meunier y arrivent au pas de course du côté opposé. L'Emir alors prend la fuite, suivi de ses troupes, laissant sur le terrain 250 cadavres et, entre nos mains, 140 prisonniers, son troupeau tout entier, des fusils, des pistolets, des sabres, des chevaux et 150 chameaux.

Sans perdre courage, quelques jours après, le 30 juin, Abd el Kader reparaît sous les murs de Mascara défendue par 260 hommes, mais il est reçu bravement et forcé à la retraite.

Le 3 juillet 1843 au soir, le gouverneur apprenant que les khalifahs Ben-Allal (1), Ben-Thami et Kérouby étaient campés à cinq lieues de nos troupes, en remontant l'oued Riou, donne l'ordre au colonel Le Flô de les surprendre.

Le colonel marche toute la nuit sans rencontrer personne et, le 4 au matin, divise sa troupe en trois fractions : ses chasseurs d'Afrique en avant; lui, remontant une branche de la vallée, et le commandant Canrobert, chef du 5e bataillon de chasseurs à pied, remontant l'autre. Bientôt le colonel Le Flô se trouve nez à nez avec l'ennemi qui l'attaque furieusement. C'en était fait de lui et de sa faible troupe si le commandant Canrobert, entendant la fusillade, n'eût immédiatement marché vers elle. Tel est le combat de Chaffaïa.

Le même jour, 4 juillet, le général de Bourjolly, parti de

(1) Le même qui devait périr le 11 novembre suivant, après son échec de Sidi-Yaya.

Relizane pour une expédition contre les Flittas, trouve l'ennemi fortement installé sur les hauteurs de Zemmorah : 600 cavaliers et 1.200 fantassins sont en face de lui, occupant des crêtes divisées par une gorge profonde. Sans hésiter un instant, le général de Bourjolly partage ses forces en trois colonnes : à gauche, le 2e bataillon du 32e, au centre, un bataillon de chasseurs à pied, à droite, les tirailleurs. Il prescrit une attaque simultanée. Nos troupes s'élancent sur les crêtes sans répondre au feu de l'ennemi avec lequel elles engagent une lutte corps à corps, le délogent et campent sur la position conquise.

A quelques jours de là, l'Emir tente encore un coup de main sur Mascara et pénètre jusque sous ses murs (18 juillet 1843). Il est repoussé, mais non sans pertes de notre côté.

Le 26 juillet, il attaque le camp de l'Oued el Hamman. Il est encore repoussé, mais le chef de bataillon Leblond, qui commandait, avait été tué.

Le 24 août, Lamoricière se crut au moment de frapper un coup décisif. Il tomba à 7 heures du soir, sur le campement d'Abd el Kader qu'il croyait surprendre; mais celui-ci n'y était pas; on ne lui prit que ses tentes.

Manœuvrant entre les colonnes françaises, l'Emir essaye d'une nouvelle pointe au nord, dans la direction de Sidi-bel-Abès. Dans la nuit du 29 au 30 août, il tombe sur le bivouac du colonel Géry. Tout étonné de la rencontre, celui-ci se rejette vivement sur sa droite; mais le 12 septembre il rendait sa visite à Abd el Kader. Le campement arabe établi sur l'oued Tifret fut encore une fois surpris et encore une fois trouvé à peu près vide; l'Emir s'était échappé.

Le 13 août 1843, le général Bugeaud recevait le bâton de maréchal de France à l'immense joie de toute l'armée d'Afrique. Quand nous disons de « toute l'armée d'Afrique », il convient d'excepter toutefois le général Changarnier qui, seul, ne mêla pas ses applaudissements à ceux de ses camarades. Le général, en effet, dans ses relations avec le gouverneur se montrait de plus en plus difficultueux, irritable et irritant : il reprochait avec aigreur au maréchal Bugeaud sa partialité. De son côté, le maréchal se plaignait de son caractère cassant, orgueilleux jusqu'à l'indiscipline et à l'inconvenance. Les rapports entre ces deux hommes, extrêmement tendus depuis longtemps, se rompirent vers la fin du mois d'août 1843, et Changarnier fut rappelé en France.

C'est de lui que le colonel de Montagnac, à la plume toujours acérée, traçait ce portrait quelque peu ironique :

« Il y a ici un général qui est à lui seul tous les généraux de l'Afrique. C'est Changarnier. Y a-t-il une expédition à organiser ? « Vite, on ramasse des fractions de tous les corps et on prend mon Changarnier. Y a-t-il une razzia à faire ? Changarnier. S'agit-il d'établir un télégraphe dans les nuages ? Encore Changarnier, toujours Changarnier ! Changarnier est donc le Michel Morin, le factotum, l'homme universel, indispensable de toutes les affaires africaines. Du reste, il répond à la confiance qu'on a en lui : il se bat bien. »

Hélas ! Si quelque chose pouvait adoucir pour Abd el Kader l'amertume de tant de défaites, n'était-ce pas la vue de ces dissentiments entre ses deux plus redoutables adversaires ?

CHAPITRE XV

Isly. — Soumission de l'Emir (25 décembre 1847).

1844. — La conduite qu'avait à tenir Abd el Kader au Maroc lui était tout indiquée par les circonstances : entretenir les tribus algériennes dans l'espoir de son prompt retour et les empêcher par là de se rallier à nous ; surexciter le fanatisme des Marocains, se faire un piédestal du mépris et de l'aversion qu'ils avaient pour leur sultan Abder Rahman et amener celui ci à se déclarer pour lui contre la France.

Pour arriver à ce résultat, il faut qu'il oblige notre armée à pénétrer sur le territoire du Gharb. Il croit en avoir trouvé le moyen en allant razzier, sur la terre algérienne, la tribu des Sdama qui l'a abandonné après sa défaite du 11 novembre 1843, et en rentrant aussitôt au Maroc, comptant bien que nous l'y poursuivrions.

Pour se mettre à l'abri de pareilles incursions, le Maréchal décide la formation d'un camp au nord-ouest de Tlemcen, sur l'emplacement même de la zaouïa de Lalla-Maghnia. Abd el Kader profite habilement de cette profanation d'un lieu saint. Il fait propager le bruit du sacrilége, et bientôt, de l'Est à l'Océan, le Maroc tout entier est en armes, la guerre sainte est proclamée et, de gré ou de force, l'Empereur est obligé de diriger une armée contre nous pour venger cette insulte. Le gouverneur accourt pour faire face au danger. Cependant, ne voyant aucun profit à tirer pour la France d'une guerre avec le Maroc, il essaye d'entrer en pourparlers avec Abder Rahman. Celui-ci est trop heureux de voir les choses se terminer ainsi et une entrevue avec le général Bedeau est arrêtée pour les premiers jours de juin. Mais le parti fanatique, résolu à la guerre quand même, tire sur l'escorte du général Bedeau (1) et rend ainsi toute tentative de conciliation inutile et la lutte nécessaire.

Pendant que le maréchal Bugeaud va être aux prises avec l'armée de l'Empereur, Abd el Kader tente de faire une diversion sur nos derrières et de pénétrer en Algérie pour soulever les tribus; mais cette tentative avorte complètement, et il est obligé de reprendre le chemin de la frontière, où il trouve Sidi Mohamed, fils d'Abder Rahman, à la tête de l'armée marocaine. Il essaye de donner à ce chef quelques conseils qui sont présomptueusement repoussés « avec des mots insultants pour ses soldats et pour lui-même, vaincus, disait-il, partout, et obligés de demander asile et protection au Maroc ». — Isly, Tanger, Mogador vengèrent pleinement Abd el Kader, dont les contingents n'avaient pris aucune part, du reste, à la première de ces journées.

Isly. — Tanger. — Mogador (août 1844).

Le 12 août au soir, le Maréchal expliquait ainsi son plan de bataille à ses officiers : « Je donne à ma petite armée la forme d'une hure de sanglier. Entendez-vous bien ? La défense de droite, c'est Lamoricière ; la défense de gauche, c'est Bedeau ; le museau, c'est Pélissier, et moi je suis entre les deux oreilles. Qui pourra arrêter notre force de pénétration ? Ah ! mes amis, nous entrerons dans l'armée marocaine comme un couteau dans du beurre. Je n'ai qu'une crainte, c'est que, prévoyant une défaite, ils ne se dérobent à nos coups. »

(1) Le capitaine Daumas y avait été grièvement blessé.

Le 14 août 1844, en arrivant à Djerf Hakdar, où l'Isly fait un angle prononcé, la colonne française découvre sur la rive droite trois grands camps de tentes blanches, contenant entre eux de 18 à 20.000 hommes. Le Maréchal prescrivit de faire halte et de prendre l'ordre de combat par bataillons échelonnés se flanquant de proche en proche. Il fallait passer la rivière pour aborder les camps, notre véritable objectif.

— Martimprey, cria le gouverneur, êtes-vous sûr de la direction ?

— Oui, Monsieur le Maréchal.

— Bonô! reprit-il d'une voix de stentor qui, entendue de toute l'armée, souleva dans les rangs une rumeur bruyante d'hilarité pleine de confiance.

Le passage s'effectua, en effet, sans encombre et l'action devint aussitôt générale. La cavalerie ennemie chercha à nous tourner à plusieurs reprises, et le feu devint très vif sur toutes les faces de notre formation. La vigueur de nos bataillons, l'action de notre artillerie, enfin une charge magnifique de toute notre cavalerie qui s'élança en faisant trembler la terre, nous assurèrent la victoire au bout de deux heures de combat et, à 3 heures du soir, nous campions sur l'emplacement occupé le matin par l'ennemi. De nombreux chevaux, des mulets, des armes, de l'argent, des provisions, de la poudre, 11 canons, 12 drapeaux, un matériel immense de campement restaient en notre pouvoir. L'ennemi avait 800 hommes tués et 1.500 blessés; de notre côté, les pertes se bornaient à peu de monde. La bataille d'Isly eut un effet moral extraordinaire que complétèrent, quelques jours après, deux grands succès de notre marine, sous les ordres du duc de Joinville, à Tanger et à Mogador.

Le traité de Tanger, qui suivit bientôt cette triple défaite (10 septembre 1844), n'exigeait même pas de Mouley Abder Rhaman ce qui eût été le plus sensible à sa proverbiale avarice : une indemnité de guerre ! Ne fut-ce pas à propos de ce traité, d'ailleurs, que fut prononcée la phrase célèbre que « la France était assez riche pour payer sa gloire? » (1). Par contre, l'Empereur prenait, sans discuter, sauf à ne pas les tenir, tous les engagements que lui imposait la France contre l'Emir, en l'article 4 dudit traité :

« Art. 4. — Hadj Abd el Kader est mis hors la loi dans toute l'étendue de l'empire du Maroc, aussi bien qu'en Algérie. Il sera, en conséquence, poursuivi à main armée par les Français sur le territoire de l'Algérie, et par les Marocains sur leur territoire, jusqu'à ce qu'il en soit expulsé ou qu'il soit tombé au pouvoir de l'une ou de l'autre nation.

» Dans le cas où Abd el Kader tomberait au pouvoir des troupes françaises, le gouvernement de Sa Majesté le Roi des Français s'engage à le traiter avec égard et générosité. Dans le cas où Abd el Kader tomberait au pouvoir des troupes marocaines, Sa Majesté l'Empereur du Maroc s'engage à l'interner dans une des villes du littoral ouest de son empire, jusqu'à ce que les deux gouvernements aient adopté, de concert, les mesures indispensables pour qu'Abd el Kader ne puisse en aucun cas reprendre les armes et troubler la tranquillité de l'Algérie et du Maroc. »

Abd el Kader était mal servi par les événements, et cependant sa situation était loin encore d'être mauvaise. Le peuple était pour lui, et au moment même du traité de Tanger, il n'avait qu'un mot à dire pour être porté par acclamation sur le trône du Maroc à la place de Mouley. Ce mot il ne voulut pas le prononcer; cet homme, religieux avant tout, considérait que sa religion lui défendait de nuire à celui que Dieu avait élu.

1845. — Toutefois, loin d'obéir à l'injonction que lui adressait l'Empereur du Maroc, conformément au traité de

(1) Elle fut prononcée également, dit-on, après le traité de paix qui suivit la guerre de Crimée.

Tanger, de se rendre à Fâs (Fez), il restait sur la frontière, continuant, par ses proclamations, à entretenir l'agitation parmi les tribus algériennes et à leur promettre un prochain retour. En février 1845, croyant mûre et prête à éclater, à la nouvelle de son arrivée, l'insurrection des tribus de la plaine du Chélif, il tenta de se porter au milieu d'elles; mais trouvant toutes les issues fermées, vers le Sahara par le colonel Géry, vers Tlemcen par le général Cavaignac, et vers Mascara par le général de Lamoricière, il dut rejoindre la déïra. C'est à ce moment que le doute s'emparant enfin de ce grand homme, il eut la conception grandiose de rallier tout ce qui lui restait de fidèles partisans et, se mettant à leur tête, de se frayer un passage pour les conduire à la Mecque et restituer ainsi à une terre véritablement musulmane des hommes qui ne pouvaient subir la domination chrétienne. L'équipée de Mohamed ben Abdallah, plus connu sous le nom de Bou Maza (l'homme à la chèvre) et le crédit qu'elle avait trouvé dans le parti fanatique lui démontra que tout n'était pas désespéré encore et le fit renoncer à son projet (1).

---

(1) Le commandant Grandin dans son *Canrobert* trace ce portrait du Père à la chèvre : « Un jeune homme de 20 ans, Mohamed ben Abdallah, presque un enfant, beau, brillant, éloquent, inconnu jusqu'alors, se chargea de prêcher la guerre sainte dans les montagnes du Dahra et de l'Ouarsenis et de soulever la population crédule et fanatique de ces contrées.

» Il était accompagné d'une chèvre qui partageait ses repas d'ermite, exécutait à la voix quelques tours peu compliqués et qui était pourvue, disait la renommée, de mamelles intarissables dont le lait suffisait pour nourrir des milliers de guerriers. De là le surnom de Bou Maza, le Père à la chèvre. Comme tous les envoyés de Dieu, il se disait invulnérable, lui et les siens: en arrivant sur lui les balles ennemies le rafraîchissaient d'une eau limpide, tandis que son cheval, forteresse vivante, lançait la mort de tous ses crins, absolument comme les coursiers prophétiques. C'est lui qui devait nous chasser de l'Algérie. Dieu lui en avait donné les moyens et le pouvoir. En quelques semaines, le Père à la chèvre avait réuni autour de lui une suite nombreuse de réguliers et de cavaliers indigènes. Tout le Dahra (partie montagneuse qui s'étend entre les confins de la province d'Alger et d'Oran, du

Bou Maza, le chef que s'étaient choisi les Derkaouas, secte de Khuâns, fanatiques entre les fanatiques, était devenu tout à coup, de vulgaire détrousseur de routes, un véritable chef de parti, et avait réussi à susciter une formidable révolte dans toutes les tribus situées au nord et au sud de la vallée du Chélif. Brave, mais borné, Bou Maza était bien l'homme qui convenait à un parti attendant tout de l'intervention divine et qui proclamait en vérité absolue, que nos soldats devaient d'une façon certaine finir par être jetés à la mer ou engloutis dans les entrailles de la terre.

Les résultats, si grossièrement obtenus par Bou Maza, le prétendu Mouley Sâa (sorte d'Ante-Christ), donna à réfléchir à Abd el Kader, qui apprenait chaque jour, du reste, par ses émissaires, par les réponses aux lettres dont il inondait le pays, qu'il était impatiemment attendu.

Au mois de septembre 1845, profitant de l'absence du maréchal Bugeaud alors en France, il quitte le Maroc et pénètre dans la vallée de la Tafna, où son nom produit, comme toujours, une émotion vibrante parmi les tribus. Le sort semble d'ailleurs vouloir se mettre de son côté et, à Djema-Ghazaouat (1), il taille en pièces ou fait prisonnière, à l'exception de quelques hommes, la colonne venue pour l'arrêter sous les ordres du colonel de Montagnac, qui avait été trompé par un traître, Mohamed Trari, notre allié, caïd des Souhalias (23 septembre 1845).

Les troupes du téméraire colonel de Montagnac se composaient du 8e bataillon de chasseurs et d'un escadron du 2e hussards. Engagées en détail, en avant de *Sidi-Brahim*, elles furent anéanties, et le colonel trouva la mort dans le

---

Chélif à la mer d'un côté, de Ténez à l'embouchure du fleuve, de l'autre) fut bientôt en insurrection. »

(1) A une vingtaine de kilomètres de Lalla-Marghnia, au nord-ouest, sur la mer; à 8 kilomètres à l'est de Sidi-Brahim.

combat, tandis qu'une compagnie de carabiniers, laissée à la garde des bagages, parvenait à s'enfermer dans le marabout.

Après s'y être vaillamment défendue pendant trois jours, sans eau et sans vivres, elle parvint à se faire jour à la baïonnette; elle approchait de Djema-Ghazaouat, sous la conduite du capitaine de Gireaux, lorsque, épuisée de fatigue et assaillie de toutes parts, à hauteur du village des Ouled-Ziri, elle subit une destruction presque complète. En voulant rejoindre la colonne de Montagnac, le colonel Barral avait failli éprouver le même sort et n'avait eu que le temps de se jeter précipitamment dans le fort de Maghnia.

Quelques jours après, le 27 septembre, le lieutenant Marin conduisait un détachement de 250 hommes destinés à renforcer la garnison d'Aïn-Témouchent (1). A 4 kilomètres de ce poste, cet indigne officier mettait bas les armes et se rendait sans combat, à l'Emir, près du marabout de Sidi-Moussa, donnant ainsi un exemple de lâcheté qui, heureusement, est resté unique dans les annales de la conquête. Le détachement fut emmené prisonnier avec les blessés de Sidi-Brahim.

A Sebdou, le commandant Brillault, attiré dans une embuscade, était massacré, avec le chef du bureau arabe et son escorte, par les Ouled Ouriach.

Nos ponts sur l'Isser et la Tafna étaient brûlés, et les communications d'Oran avec Mascara et Sidi-bel-Abbès coupées.

A partir de ce moment, l'insurrection devint générale; le fruit de six années de lutte est perdu pour nous, et l'Algérie est de nouveau à conquérir.

1846. — A ces tristes nouvelles, le maréchal Bugeaud rejoint immédiatement son poste, suivi de renforts qui

(1) Sur la route d'Oran à Tlemcen, à peu près à mi-chemin.

portent l'armée d'Algérie à 106.000 hommes. Quinze colonnes sont aussitôt formées avec mission d'empêcher Abd el Kader de pénétrer dans le Tell et de le rejeter dans le Sahara, où elles doivent le poursuivre sans merci. Mais, à cet immense déploiement de forces, l'Emir répond par une activité et une énergie sans exemple. Passant entre les colonnes des généraux Bedeau et Lamoricière, il va soulever les tribus qui avoisinent Orléansville. Les colonnes apprenant ce coup d'audace, se resserrent pour l'écraser; peine perdue, Abd-el-Kader franchit 35 lieues en deux jours, se dérobe à trois corps d'armée et arrive dans le pays des Issers, d'où il menace la Mitidja. La fortune qui lui avait souri un moment l'abandonne alors; surpris par le général Gentil, dans la nuit du 6 au 7 février 1846, il a un cheval tué sous lui. Mêlé un moment à nos soldats, il n'échappe que grâce à la simplicité de ses vêtements, et surtout parce que nos troupes croyaient avoir affaire aux anciens contingents de Ben Salem, et non avoir en leur présence l'Emir lui-même. Battu de ce côté, Abd el Kader se jette dans les montagnes de la Kabylie, mais sa dernière affaire n'a pas été un succès pour lui et les montagnards restent sourds à ses appels à la révolte. Désappointé, mais non découragé, il prend sa revanche sur les Douairs du Tittery à quelque distance de Boghar, et ne recule que devant les forces supérieures du colonel Camou. Il s'enfonce dans le Sahara, où le général Yusuf, le poursuivant, parvient à le surprendre le 13 mars, lui tue 70 cavaliers réguliers et lui enlève ses bagages et ses mulets. L'Emir, pour dégager ses mouvements, confie ses blessés à son beau-frère, le khalifah Moustapha ben Tamy, et le charge de les ramener à la deïra, d'où il lui expédiera Bou Hamedi avec des secours. Il se maintient quelque temps encore dans le Djebel-Amour et le pays des Ouled-Naïls; mais petit à petit ses plus fidèles partisans se détachent de lui, et les tribus qui lui ont donné asile, écrasées par les charges et la misère que la guerre fait peser sur elles depuis si longtemps, obéissant peut-être aussi à notre pression, lui demandent de s'éloigner.

Abd el Kader reprend alors la route du Maroc et rentre à sa deïra, le 18 juillet 1846, quittant ainsi le sol algérien qu'il ne devait plus fouler que pour venir nous faire sa soumission.

Quelque temps auparavant avait eu lieu le massacre des prisonniers de la deïra (1).

La guerre avait duré près de six ans, et on peut se demander qui faut-il admirer davantage, ou de nos intrépides et infatigables soldats, ou de l'homme qui, avec moins de 2.000 cavaliers et 10.000 fantassins, tient tête à une armée de 106.000 hommes, glisse entre nos colonnes, frappe les tribus sur nos derrières, sur nos flancs, nous échappe au moment précis où il semble qu'on n'ait qu'à étendre la main pour le prendre, lasse nos troupes par de continuelles escarmouches et, fidèle à une invariable tactique, s'attache (ne pouvant les heurter de front) à les réduire en détail, autant par l'épuisement que par le feu.

1847. — Quoique vaincu, quoique réduit avec les siens aux plus dures extrémités, l'indomptable Emir rêve encore d'une invasion en Algérie, guettant l'instant propice, quand le sultan du Maroc, obéissant aux injonctions de la France, envoie contre lui, pour le rejeter en Algérie, au commencement de 1847, une armée commandée par son neveu Mouley Hachem. Celui-ci, surpris en pleine nuit, est complètement défait et n'échappe qu'à grand'peine à son adversaire, qu'avaient secondé, en la circonstance, les Kabyles du Rif.

Mouley Abder Rahman ne paraissait pas autrement préoccupé de venger son neveu, quand il y fut forcé par le gouvernement français; le maréchal Bugeaud venait,

---

(1) Voir l'appendice XI.

sur sa demande, d'être relevé de son commandement et était remplacé par le duc d'Aumale. Cette circonstance excitait le cabinet à en finir avec les hésitations de Mouley, et il le fit inviter formellement à assurer l'exécution du traité de Tanger. Peu désireux de se créer une affaire avec la France, l'Empereur envoie contre l'Emir une nouvelle armée de 36.000 hommes commandée par ses deux fils Mouley Mohamed et Mouley Soliman. Abd el Kader apprend en même temps la défection des tribus qui jusque là avaient protégé sa deïra, et la marche menaçante des deux fils de l'Empereur. Il tente alors une démarche suprême auprès de Mouley Abder Rahman en lui envoyant Bou Hamedi : « Il n'est pas possible qu'un prince musulman se tourne ainsi contre un coreligionnaire au profit des chrétiens ! » Mais Abder Rahman, effrayé des menaces de la France, fait arrêter Bou Hamedi et répond à Abd el Kader par cet ultimatum : ou de se remettre entre ses mains ou reprendre le chemin du désert. L'Emir n'avait plus à compter que sur un effort suprême.

Trop faible, avec les 10.000 fantassins réguliers et les 1.200 cavaliers qui lui restent, pour attaquer ses ennemis en rase campagne, il prépare une surprise de nuit comme celle qui lui avait réussi si bien avec Mouley Hachem ; dans cette surprise, il caresse l'espoir de s'emparer d'un des fils du sultan et, alors, c'est lui qui imposera ses conditions à Mouley Abd er Rahman.

Renouvelant des Romains un vieux stratagème, il s'approchera le plus près possible du camp marocain et, au moment voulu, lâchera parmi leurs tentes quelques chameaux enduits de goudron et auxquels on aura mis le feu; dans le désordre que ne peut manquer de provoquer l'emploi de pareilles machines de guerre, il a bien des chances pour capturer l'un ou l'autre des fils de l'Empereur. Mais son plan est livré; prévenus à l'avance, les fils de l'Empereur abandonnent leur camp, tout en y laissant leurs tentes dressées, et se retirent à quelque distance. Par suite de cette manœuvre, c'est l'Emir lui-même qui est surpris au moment où ses soldats commencent à se livrer au pillage; impuissant à les rallier, il est forcé de battre en retraite et de rejoindre sa deïra, ayant perdu la moitié des siens sur le terrain. C'en était fait de lui si les fils de l'Empereur eussent su profiter de leur victoire.

Pour comble de malheur, le bruit se répand, sur ces entrefaites, que deux de ses frères viennent de faire leur soumission au général de Lamoricière. Cette nouvelle ébranle la foi des derniers serviteurs qui lui sont restés fidèles et lui démontre l'impossibilité absolue de combattre encore au milieu de semblables dispositions. C'était la défaite certaine, la destruction et le pillage de la deïra, peut-être la captivité de sa vieille mère, de ses enfants et de ses femmes.

25 décembre 1847. — Il prend alors la détermination de venir remettre sa deïra, réduite à 6.000 âmes environ, entre les mains des Français; quant à lui, avec sa famille et quelques-uns de ses cavaliers les plus sûrs, il gagnera le désert.

Mais laissons ici la parole au principal acteur du grand drame qui va s'accomplir, au général de Lamoricière :

« Le 21, dit-il, la deïra commence à traverser la Moulouïa pour venir dans la plaine de Trifa. Un combat opiniâtre s'engage; plus de la moitié des fantassins réguliers et la meilleure partie des cavaliers y sont tués; mais le passage s'exécute sans que les bagages soient pillés. Le soir, à 5 heures, les fantassins réguliers sont dispersés; la deïra a passé le Ris, est entrée sur notre territoire; les Marocains cessent de la poursuivre. Abd el Kader seul, à cheval, est en tête de l'émigration qu'il dirige à travers les sentiers de la Msirda. Il demande le chemin à l'un des cavaliers de notre kaïd qui allait reconnaître les arrivants. Le fait m'est annoncé à 9 heures du soir, le 21. J'apprends en même temps que l'Emir s'est informé de la route qu'il pût suivre pour gagner les sources du Ris et les Beni S'nassem. J'étais convaincu, et je ne me trompais pas, que la deïra venait faire sa soumission; mais l'Emir, suivant le projet qui m'était annoncé, cherchait personnellement à gagner le désert. »

Faisant connaître ensuite les dispositions qu'il a prises pour fermer à l'Emir l'accès des Hauts-Plateaux, et l'envoi du lieutenant Bou Khouïa, avec 20 spahis, pour garder le col de Kerbous, le général continue :

« J'avais à peine fait une lieue et demie, que des cavaliers envoyés par le lieutenant Bou Khouïa me prévinrent qu'il était en présence d'Abd el Kader et qu'il était engagé ; je me portai aussi vite que possible à son secours avec ma cavalerie; il était 3 heures du matin. Chemin faisant, je reçus les députés de la deïra qui venaient se soumettre et auxquels j'ai donné l'àman (sauf-conduit) au grand trot, en les envoyant à mon camp pour y chercher des lettres. Enfin, quelques instants après, je rencontrai le lieutenant Bou Khouïa qui revenait avec deux hommes des plus dévoués à l'Emir et qui étaient chargés de me dire qu'Abd el Kader, ne pouvant déboucher dans la plaine et suivre son projet (1), demandait à se soumettre. Bou Khouïa avait causé lui-même avec l'Emir, qui lui avait remis une feuille de papier sur laquelle il avait apposé son cachet, et sur laquelle le vent, la pluie et la nuit l'avaient empêché de rien écrire. Il me demandait une lettre d'àman pour lui et ceux qui l'accompagnaient.

» Il m'était impossible d'écrire pour la même raison qui s'était opposée à ce que l'Emir pût le faire, et, de plus, je n'avais pas mon cachet. Les hommes voulaient absolument

(1) Plus tard, du haut de la tribune, le général de Lamoricière avoue le contraire et déclare qu'il ne dépendait que d'Abd el Kader de gagner le désert.

quelque chose qui prouvât qu'ils m'avaient parlé. Je leur remis mon sabre et le cachet du commandant Bazaine en leur donnant verbalement la promesse d'âman la plus solennelle. Les deux envoyés de l'Emir me demandèrent de les faire accompagner par Bou Khouïa, que je fis partir avec quatre spahis. Tout cela se fit en marchant. »

Pendant ce temps une scène des plus émouvantes se déroulait dans le camp de l'Emir. Accouru en avant aux premiers coups de feu échangés entre son avant-garde et les spahis du lieutenant Bou Khouïa, Abd el Kader a pu se rendre compte que toute issue par le col de Kerbous lui est fermée. Il retourne auprès des siens, réunit autour de lui les deux khalifahs qui lui restent, Sy Moustapha Ben Thamy et Sy Kaddour ould Sidi Embarek; ses aghas, parmi lesquels le vaillant Bou Klikka, et les consulte sur la décision à prendre. C'est par une nuit noire, sous une pluie torrentielle et les rafales d'un vent furieux, qu'a lieu ce suprême et solennel conseil, dont les membres ne se reconnaissent qu'au timbre de la voix.

Abd el Kader leur rappelle le serment qu'ils lui ont prêté à Médéah (1) le 15 novembre 1839, à la veille de la reprise des hostilités et qu'ils lui renouvellent par acclamation, puis leur expose la situation présente : « Trois partis nous restent à prendre, ajoute-t-il, ou passer sur le ventre des cavaliers qui ferment le col de Kerbous, ou chercher un autre passage dans la montagne; mais ces deux solutions ne nous mettent pas longtemps à l'abri de nos enne- et nous condamnent à laisser entre leurs mains, nos enfants, nos femmes, nos blessés. Le troisième parti est de nous soumettre.

— « Périssent tes femmes et les nôtres, pourvu que tu sois sauvé! répondent franchement et d'une seule voix

(1) Voir le chapitre XIII : Rupture du traité de la Tafna.

tous les membres du conseil; car toi tu es la tête, tu es notre sultan, notre maître à tous, et toi seul peux reprendre les combats de Dieu! »

Seul, Abd el Kader insiste pour la soumission; il montre à ses compagnons les tribus épuisées, fatiguées de la guerre, et ne lui obéissant plus déjà que mollement.

Reste à décider s'il vaut mieux se soumettre à Abder Rahman qu'aux Français. Pour lui son opinion est faite, et il préfère cent fois mieux se confier à la parole des Chrétiens qui l'ont combattu qu'à celle de l'Empereur musulman qui l'a trahi. « Notre situation est mauvaise, dit-il, nos prétentions doivent être modestes; je me bornerai à demander au gouvernement français mon envoi, celui de ma famille et de ceux d'entre vous qui voudront me suivre sur une terre musulmane ». Et, voyant quelques doutes parmi les siens : « Ne craignez rien, déclare l'Emir avec une confiance qui nous honore et qui malheureusement ne fut pas justifiée du premier abord, la parole d'un Français est sacrée; ou ils ne la donneront pas, et nous verrons alors ce qui nous restera à faire, mais ils nous la donneront et la tiendront; voyez plutôt ce qu'ils ont fait avec Ben Salem (1).

— « Sultan, répondirent les chefs, que ta volonté s'accomplisse! » Aussitôt Abd el Kader avait envoyé à Lamoricière ses deux premiers députés; malgré le sabre et le cachet dont ils revenaient bientôt porteurs, les compagnons de l'Emir hésitaient, voulaient avoir une réponse écrite.

De nouveau, les deux envoyés revenaient vers le général

---

(1) Sid Ahmed Ben Salem, khalifah de Sebdou, avait fait sa soumission au mois de février 1847 entre les mains des Français et en avait obtenu la promesse d'être transporté en Orient avec sa famille. Cette promesse fut religieusement observée et Ben Salem s'était plu à rendre, dans une lettre à l'Emir qui produisit sur celui-ci le plus grand effet, un éclatant hommage à la loyauté de la France.

français, qui, cette fois, peut leur remettre une lettre. — Mais écoutons-le lui-même :

« Ben Khouïa me rapporte mon sabre et le cachet du commandant Bazaine, et, en outre, une lettre de l'Emir, qui est de l'écriture de Moustapha ben Thamy. Je vous adresse (au duc d'Aumale) copie de la traduction de cette lettre, ainsi que de la réponse que j'y ai faite. J'étais obligé de prendre des engagements, je les ai pris, et j'ai le ferme espoir que Votre Altesse Royale et le Gouvernement les ratifieront, si l'Emir se confie à ma parole. »

Puis, pressé par les circonstances, n'ayant pas le temps de joindre à sa lettre les copies annoncées, il ajoute un post-scriptum :

« Je monte à cheval à l'instant pour me rendre à la deïra. Le temps me manque pour joindre ici les copies de la lettre que j'ai reçue de l'Emir et de celle que je lui ai répondue. Il me suffit de vous dire que j'ai uniquement promis et stipulé que l'Emir et sa famille seraient conduits à Saint-Jean-d'Acre ou à Alexandrie. Ce sont les deux seuls lieux que j'ai indiqués; c'étaient ceux qu'il désignait dans sa demande et que j'ai acceptés. »

Pleinement rassuré par la lettre du général de Lamoricière (1), l'Emir, suivi de près par sa famille, se dirigea aussitôt vers le marabout de Sidi Brahim, où il fut reçu avec les plus grands égards par le colonel de Montauban, qui lui fit rendre les honneurs militaires par nos soldats.

Après une courte prière dans ce marabout, témoin d'un de ses plus beaux succès (2), il se mit en route pour Djema-Ghazaouat, où l'attendait le duc d'Aumale.

---

(1) Le seul entre les mains duquel, suivant sa propre expression, il pouvait se résoudre à consommer le sacrifice suprême de son abdication. (Comte DE MARTIMPREY, *Souvenirs*.)

(2) Lorsque le cortège passa devant le monument élevé à la mémoire des braves du 8ᵉ bataillon de chasseurs, les officiers mirent le sabre à

« A six heures du soir, dit le *Moniteur Algérien*, Abd el Kader arrivait avec le lieutenant général de Lamoricière, le général Cavaignac et le lieutenant-colonel de Beaufort, et il était introduit auprès de Son Altesse Royale.

» Après un instant de silence, il prononça les paroles suivantes :

« J'aurais voulu faire plus tôt ce que je fais aujourd'hui ;
» j'ai attendu l'heure marquée par Dieu. Le général m'a
» donné une parole sur laquelle je me suis fié ; je ne crains
» pas qu'elle soit violée par le fils d'un grand Roi comme
» celui des Français. »

» Son Altesse Royale confirma par quelques paroles simples et précises la parole de son lieutenant.

» Une dernière cérémonie eut lieu dans la matinée du lendemain. Au moment où Son Altesse Royale rentrait d'une revue qu'elle avait passée, l'ex-sultan s'est présenté à cheval et, entouré de ses principaux chefs, a mis pied à terre à quelques pas du prince :

« — Je vous offre, a-t-il dit, ce cheval, le dernier que
» j'ai monté. C'est un témoignage de ma gratitude et je
» désire qu'il vous porte bonheur. »

— « Je l'accepte, a répondu le prince, comme un hommage rendu à la France, dont la protection vous couvrira désormais, et comme un signe d'oubli du passé. »

Plus tard, Abd el Kader faisait à l'évêque d'Alger le récit suivant de sa soumission :

« Depuis trois ans déjà, je ne combattais plus dans l'espoir de voir finir heureusement pour moi et les miens la lutte qui avait commencé au mois de novembre 1839. Mais je croyais n'avoir pas encore suffisamment acquitté ma

---

la main, les soldats présentèrent les armes, les clairons sonnèrent aux champs, nos fanions s'inclinèrent :

« — Qu'est-ce cela, dit l'Emir ?

» — C'est, lui répondit-on, l'hommage rendu au courage des nôtres, le jour où Dieu te donna la victoire. »

dette envers mon pays, et je redoutais jusqu'à l'apparence d'un reproche de la part de mes coreligionnaires et de tous ceux qui, au commencement de la guerre, avaient mis en moi leur confiance et avaient juré de ne pas m'abandonner (1). Depuis environ le même temps, diverses propositions m'avaient été faites, qui toutes avaient pour but de me décider à déposer enfin les armes, en retour des conditions à peu près semblables à celles du 23 décembre dernier (2). Ben Salem, en particulier, l'un de mes plus dévoués lieutenants de l'Est, m'avait écrit, peu auparavant, au moment de sa soumission forcée et de son départ pour l'Orient sur des navires français. Il le faisait, assurait-il, de la part du gouverneur général dont je connaissais la loyauté et le courage, et aussi pour me donner la certitude que, si je l'imitais dans cet acte désespéré, je serais traité moi-même non moins favorablement que lui. Vous savez, en effet, comment, à sa demande, il fut transporté sur des vaisseaux de votre nation dans ces contrées lointaines que rapproche de nous le même culte (3). Il lui avait été dit que, pour moi, si la traversée sur des vaisseaux chrétiens me répugnait, des barques musulmanes seraient affrétées aux frais et au nom de la France.

» Assurément, j'avais foi en la loyauté française et je ne doutais pas qu'en échange de ma soumission et de la pacification générale qui en serait la conséquence, ce qui m'était promis ne serait tenu. Cependant, je ne pouvais me résoudre à descendre de mon cheval et à dire un éternel adieu à mon pays. Si je m'obstinai à combattre, croyez-le bien, ce n'était pas dans l'espoir de vaincre (je n'ignorais pas quelle serait l'issue plus ou moins tardive de la lutte),

---

(1) Allusion au serment de Médéah. Voir chapitre 13.
(2) Le maréchal Bugeaud lui avait fait offrir un million.
(3) Quand, plus tard, Abd el Kader eut quitté Brousse, il retrouva Ben Salem à Damas.

mais j'avais juré de défendre mon pays et ma religion jusqu'à ce qu'aucune force humaine n'y pût plus suffire, et il me semblait toujours que je n'avais pas encore fait assez.

» Cependant, vers la fin de 1847, ma position, celle de ma deïra surtout, devenait de plus en plus critique. Loin d'accourir à mon secours, l'empereur du Maroc m'avait abandonné, se mettait à me poursuivre et à me combattre; et j'avais autant à craindre désormais des sauvages kabyles du Rif que des chrétiens et des Français eux-mêmes, dont les efforts se multipliaient avec mes angoisses et mes revers. Toutefois, je ne songeais pas encore à entrer en accommodement avec les Français, quand ma deïra, où se trouvaient ma mère et tous les miens, ayant été exposée tout à coup, sans qu'il me fût possible de l'empêcher, à tomber entre les mains du général de l'Ouest, je pris brusquement mon parti.

» J'aurais bien pu, sans doute, échapper de nouveau, personnellement, à cette poursuite acharnée (1). J'avais encore autour de moi un certain nombre de mes vieux cavaliers, d'une bravoure égale à leur fidélité proverbiale. Longtemps encore j'aurais pu inquiéter les Français; les tribus du désert ne m'auraient pas refusé un peu d'orge et de lait; j'aurais même pu, à la rigueur, gagner à cheval la route des Villes Saintes. Mais ma mère, les femmes, les enfants de ces serviteurs fidèles! mais les vieillards et tant de malheureux blessés qui m'accompagnaient, que seraient-ils devenus?

» Dans cette situation, j'écrivis au général de Lamoricière pour lui demander si le gouvernement français était toujours à mon égard dans les dispositions dont on m'avait

---

(1) Abd el Kader était parfaitement d'accord, à cet égard, avec la déclaration faite à la tribune, le 5 février 1848, par le général de Lamoricière.

si souvent entretenu, et si je pouvais compter, dans le cas où je me rendrais, sur cette translation en Orient, devenue l'objet de tous mes vœux. Lamoricière m'envoya son sabre et son cachet comme gage de sa parole. Ce n'était pas assez pour moi, j'insistai et je demandai par écrit l'assurance de cette condition, sans laquelle je ne pouvais cesser la lutte. Il me fut répondu dans le même sens. J'insistai de nouveau et je déclarai que, si je n'avais pas la certitude que son engagement personnel était suffisant, je remettrais une dernière fois ma cause à Dieu et que rien ne serait conclu entre nous. Je reçus bientôt cette assurance écrite et signée. Un instant après je poussai mon cheval en avant et j'arrivai dans son camp.

» Le duc d'Aumale débarquait en même temps à Djema-Ghazaouat. Je le vis; il me reçut noblement et me dit qu'il était superflu qu'il ratifiât ce qu'avait fait son lieutenant; mais que, si je le désirais (et, au besoin, il le ratifierait solennellement), il me donnait sa parole royale que ce qui avait été fait entre nous serait exécuté. Je lui offris alors mon dernier cheval. Le prince me demanda presque aussitôt après où je voulais être décidément transporté et qui j'emmènerais avec moi. Je répondis que je désirais être transféré à Constantinople, à Saint-Jean-d'Acre ou à Alexandrie, et que j'emmènerais avec moi ma mère, mes femmes, mes enfants, mes frères et leur famille, mon oncle, mes principaux officiers, environ cent personnes en tout. C'était, parmi les miens, à qui m'accompagnerait; je ne pouvais répondre à cet empressement de tous. Hélas! je croyais les conduire dans un paisible séjour et à une espèce de bonheur... Je ne croyais pas que ce fût à une prison!

» Le fils du roi me répondit qu'il ne pouvait consentir à me faire conduire à Constantinople, mais que je partirais, dès que nous serions à Mers-el-Kébir, pour Alexandrie, selon ma demande et sa promesse. Seulement, il était nécessaire que le bâtiment sur lequel je serais embarqué relâchât un instant à Toulon. J'y consentis volontiers, ne prévoyant guère assurément le résultat de ce voyage, que j'attribuai à la nécessité de certains préparatifs. »

Le 25 décembre 1847, l'*Asmodée* emportait vers Toulon, où ils devaient attendre les ordres du gouvernement, Abd el Kader, sa famille et quelques fidèles serviteurs choisis parmi tous ceux qui demandaient à le suivre. Les chevaux, mulets, chameaux, tentes, bagages que possédait l'Emir, furent vendus par les soins de l'administration militaire et produisirent une somme de 6.000 fr. environ. C'était tout ce qui restait de tant de grandeur! Il est de notre devoir d'historien impartial d'ajouter que, malgré toutes les réclamations de l'Emir, cette somme ne lui fut remise que par acomptes successifs dont il devait au préalable justifier l'emploi, et que, lorsqu'il voulait accorder une gratification à quelques-uns de ses serviteurs, il ne pouvait le faire sans l'autorisation de l'autorité française!...

CHAPITRE XVI

Au fort Lamalgue.

Les événements du mois de décembre s'étaient précipités avec tant de rapidité que le gouvernement apprit en même temps et la soumission de l'Emir et son arrivée à Toulon, où rien, par conséquent, n'était préparé pour le recevoir.

— Vous devez avoir froid, lui disait le préfet de Toulon, en le recevant.

— Oh! non, répondit l'Emir, la chaleur de votre amitié fait fondre pour moi la glace.

Telle était la confiance qui l'animait alors, dans la parole qui lui avait été donnée.

On l'installa avec sa famille et les quatre-vingt huit personnes qui formaient sa suite au fort Lamalgue, en lui expliquant qu'un délai était matériellement nécessaire pour négocier, soit avec le Sultan de Constantinople, si l'on choisissait Saint-Jean-d'Acre, soit avec le gouvernement égyptien s'il devait être envoyé à Alexandrie. Abd el Kader accepta ces explications sans défiance et n'eut pas de peine à faire partager sa confiance à ses compagnons (1). Cependant cette période d'attente se prolongeant outre mesure, l'inquiétude commença à se faire sentir parmi les captifs — car ils virent bientôt qu'ils étaient

(1) Le temps passait, sinon heureusement, mais du moins dans le calme. Levé dès l'aurore, Abd el Kader faisait ses ablutions, puis la prière du matin. Sa journée était occupée à s'entretenir avec les siens, à surveiller l'éducation de ses enfants, à recevoir les personnes de distinction qui venaient le visiter; à l'étude, à des lectures pieuses et aux prières prescrites par le Coran pour les diverses heures de la journée. (Cette existence se continua à Pau et à Amboise.)

véritablement captifs — puis dégénéra en une profonde douleur et une extrême indignation.

1848. — Abd el Kader, ne pouvant croire encore à ce manque de parole de la France cherchait, mais vainement, à ranimer l'espoir de ses compagnons. Bientôt le doute l'envahit à son tour, quand il apprit, par le bruit des débats de la Chambre des députés (1), que l'exécution de la convention (2) qu'il avait passée avec le général de Lamoricière était mise en question. Puis, tout à coup, il apprend l'abdication du Roi et l'avènement de la République, et il sent instinctivement que la disparition du duc d'Aumale de la scène politique vient aggraver la situation et lui enlever ses dernières chances de mise en liberté.

Cependant, tout en se refusant à envoyer l'Emir à Saint-Jean-d'Acre, parce que la Turquie n'avait pas reconnu la conquête de l'Algérie, le gouvernement avait ouvert des négociations avec le pacha d'Egypte, ainsi que le déclarait M. Guizot, dans la séance du 5 février 1848.

Au cours d'une visite qu'il fit à l'Emir, M. Olivier, commissaire général du gouvernement, l'avait invité à écrire une lettre au gouvernement provisoire, en y joignant une déclaration par laquelle il s'engagerait solennellement à ne jamais reparaître en Algérie, ni à se mêler directement ou indirectement de nos affaires.

Abd el Kader écrivit aussitôt cette lettre (3), à laquelle était jointe la déclaration suivante :

« Louange au Dieu unique!

» Je vous donne ma parole sacrée et qui n'admet pas le doute. Je déclare donc que je n'exciterai plus désormais de troubles contre les Français, soit personnellement, soit par lettres, soit par quelque moyen que ce soit.

» Je fais ce serment devant Dieu, par Mohamed, Abraham,

---

(1) 24 février 1848.
(2) 25 décembre 1847.
(3) Voir l'appendice XII.

Moïse et Jésus-Christ, par l'Evangile et le Coran; par le livre de Bokhari et le Mouslem; je fais ce serment et avec le cœur et avec la langue.

» Ce serment est commun à moi et à mes compagnons, au nombre de cent; à ceux qui signent le présent acte, comme à ceux qui ne le signent pas parce qu'ils ne savent point écrire.

» Salut de la part d'Abd el Kader, fils de Mahi ed Din! »

Abd el Kader ne doutait pas que cette lettre ne fût suivie d'une mise en liberté immédiate, mais les jours se succédèrent sans lui apporter l'heureuse nouvelle et le désespoir le reprit avec une telle intensité, cette fois, qu'il en vint à penser au suicide.

« Comment veux-tu que ma résignation ne faiblisse pas quelquefois devant la grandeur de mon infortune, disait-il un jour au colonel Daumas (1)? Le désespoir est parmi les miens, dans ma famille même. Ma mère et mes enfants pleurent nuit et jour et ne veulent plus ajouter foi à l'espérance que je m'efforce de leur donner. Que dis-je! non seulement les femmes, mais encore les hommes se lamentent, ces derniers, non pas pour eux, mais pour leur famille. Hier, mon beau-frère, Moustapha, est venu m'annoncer en pleurant que sa femme, ma sœur! voulait le quitter et demandait à retourner à Mascara. La désolation est telle que si notre captivité doit avoir, dans l'avenir, une durée égale à celle qu'elle a eue dans le passé, je suis certain que beaucoup d'entre nous mourront de chagrin. Et c'est moi qui suis la cause de tous ces malheurs car, seul, j'ai voulu venir aux mains des Français; personne ne voulait y con-

---

(1) Le colonel Daumas, plus tard général, ancien consul de France à Mascara, puis, à l'époque de la guerre, directeur central des affaires arabes, avait été attaché par le gouvernement français, à la personne d'Abd el Kader, au fort Lamalgue. Comme plus tard, le capitaine Boissonnet à Pau et à Amboise, il sut par ses égards, par ses soins, par une sincère amitié, adoucir dans une certaine mesure l'amertume de la captivité — déshonorante pour nous — infligée à l'Emir.

sentir. Ils n'ont qu'une parole, leur disais-je, ils sont incapables de trahison! Vous m'avez bien fait mentir et l'on me reproche aujourd'hui cruellement ma confiance envers vous. Vous n'avez donc pas chez vous un tribunal chargé d'écouter les réclamations des opprimés? S'il en existe un, qu'on m'y conduise; qu'on y appelle tous vos oulemas (docteurs) et je me charge de triompher d'eux par la puissance de mes arguments et de mon bon droit. Ah! que vous êtes loin de ce sultan musulman qui, devenu sourd, se mit à pleurer et répondit à ceux qui lui en demandaient la raison : je pleure parce que je ne puis plus entendre les plaintes de mes sujets opprimés. »

Quelques jours avant son départ du fort Lamalgue, Abd el Kader vit arriver à Toulon ses trois frères et leurs familles, en tout trente-cinq personnes, qui avaient demandé et obtenu du gouvernement français de suivre la fortune de celui qui était le chef de la famille. Ils avaient fait cette démarche, persuadés que l'engagement pris vis-à-vis de leur frère serait tenu; hélas! c'étaient trente-cinq prisonniers de plus, et cette circonstance ne fit qu'ajouter au désespoir et aux angoisses de l'Emir.

Le 12 avril 1848, les captifs quittaient le fort Lamalgue et étaient dirigés sur Pau où ils arrivèrent le 20. Le château d'Henry IV qui leur était réservé avait été au préalable converti en prison et des barreaux de fer étaient placés à toutes ses fenêtres!

CHAPITRE XVII

Pau et Amboise (avril et novembre)

Quelques jours après son arrivée à Pau, Abd el Kader reçut enfin la réponse du gouvernement à la lettre qu'il lui avait écrite sur l'invitation de M. Olivier. Cette réponse, signée du Ministre de la guerre, M. Arago, déclarait sans ambages que la République ne se croyait tenue vis-à-vis d'Abd el Kader à aucune obligation, et qu'elle le prenait dans la situation où l'ancien gouvernement l'avait laissé, c'est-à-dire prisonnier.

Si l'Emir eût pu conserver encore quelques illusions, cette lettre était suffisamment explicite pour les dissiper.

Cependant, vers les premiers jours de juillet 1848, il apprend que le général de Lamoricière a été nommé ministre de la guerre, et cette nouvelle fait renaître toutes ses espérances. Comment, en effet, le ministre de la guerre, pouvait-il ne pas dégager la parole du général de Lamoricière ? Il lui écrit aussitôt du château de Pau (1), le 9 juillet.

Hélas ! cette dernière espérance de l'Emir devait être trompée encore ! Pendant deux grands mois, il attend vainement une réponse qui ne vient pas. Alors, c'est parmi ses compagnons une explosion de fureur indescriptible. Ils forment déjà le projet de se précipiter sans armes sur les sentinelles et de se faire massacrer jusqu'au dernier, ne voulant pas subir plus longtemps la captivité imméritée qui leur est imposée en dépit des promesses échangées. Abd

---

(1) Voir l'appendice XIII.

el Kader parvint à grand peine à les calmer, mais le gouvernement avait été averti de ces faits et, pour en prévenir le retour, il décida de transférer Abd el Kader et ses compagnons du château de Pau au château d'Amboise. En outre, ni l'Emir, ni les siens ne devaient plus communiquer avec aucune personne de l'extérieur ; ils ne pouvaient ni écrire, ni recevoir aucune lettre ; enfin une permission du ministre de la guerre était nécessaire aux visiteurs qui voulaient pénétrer jusqu'à eux. Par une singulière ironie du sort, cet ordre était signé du négociateur de Kerbous, du général de Lamoricière !

Abd el Kader quitta le château de Pau, le 2 novembre 1848, suivi de tous ses compagnons, aucun d'eux n'ayant voulu profiter de l'offre de rapatriement qui leur était faite. Un mois après le Prince Louis-Napoléon était appelé à la présidence de la République et, par une sorte de pressentiment, l'espoir se mit à renaître dans le cœur de l'Emir.

1849. — Dès le mois de janvier 1849, en effet, le Prince Louis-Napoléon qui, en maintes circonstances déjà, avait manifesté son intention de rendre la liberté à l'Emir, convoquait, pour délibérer sur cette question, le Maréchal Bugeaud et le général Changarnier. L'insistance du général Rulhière, Ministre de la guerre, parvint à triompher des dispositions favorables des autres membres de ce conseil.

A quelque temps de là, le Maréchal Bugeaud écrivait à Abd el Kader une lettre (1), datée de son commandement de l'armée des Alpes (Lyon) et du 4 avril 1849. Il ressort de cette lettre que, dans la conférence dont nous venons de parler, le Prince Napoléon avait chargé le duc d'Isly de demander à Abd el Kader de rendre à la France, moyennant certains avantages, la parole donnée par le général de Lamoricière, car il est bien certain que le Maré-

(1) Voir l'appendice XIV.

chal Bugeaud n'eût pas pris sur lui de faire une pareille démarche. Mais que c'était mal connaître l'Emir que de le faire! La réponse fut telle qu'on pouvait l'attendre d'un caractère de cette trempe :

« Si tous les trésors de la terre pouvaient tenir et se trouver réunis dans le pan de mon burnous, et qu'on me proposât de les mettre en balance avec ma liberté, je choisirais la liberté. Je ne demande ni grâce ni faveur; je demande l'exécution des engagements pris envers moi. J'avais demandé une parole française; un général français me l'a donnée sans restriction; un autre général, fils de roi, l'a confirmée; la France était liée vis-à-vis de moi comme moi vis-à-vis d'elle. Aujourd'hui, vouloir revenir là-dessus, c'est vouloir l'impossible. Votre parole, je ne vous la rends pas; je mourrai avec elle pour votre déshonneur. Les peuples et les rois, sauront, par mon exemple, quelle confiance on peut désormais avoir dans la parole française. »

Cette fière et noble réponse eût peut-être décidé le Président de la République à faire acte d'autorité en faveur d'Abd el Kader, mais pendant que cette correspondance s'échangeait, l'Assemblée avait repoussé une motion du général Fabvier tendant à la mise en liberté de l'Emir : la cause de celui-ci était donc momentanément condamnée et l'initiative présidentielle liée par le vote de l'Assemblée.

1850, 1851, 1852. — Les trois années qui s'écoulèrent depuis cette époque jusqu'à la visite libératrice du Prince Louis-Napoléon, n'offrent rien qui mérite d'être particulièrement remarqué, si ce n'est qu'à l'agitation qu'on avait pu constater à Pau, une douce résignation avait succédé.

Le capitaine Boissonnet, dont les services auprès de l'Emir lui méritèrent justement le quatrième galon, mit à profit cette disposition d'esprit pour expliquer au noble captif et lui faire apprécier nos mœurs, nos habitudes, les merveilles de l'industrie et de la science, et lui apprendre sommairement l'histoire de notre pays. L'épopée napoléonienne intéressait surtout Abd el Kader qui éprouvait un inexprimable plaisir à se la faire raconter.

L'élève profitait à ce point des leçons de son maître, qu'il devint capable de consigner dans un livre ce qu'il avait appris touchant la science, la morale et la religion ; leurs avantages et leurs conséquences. Il fit don à la Société Asiatique de ce manuscrit intitulé : « Memento pour l'homme qui sait et Enseignement pour celui qui ignore. » Ce document, plus curieux que véritablement savant, comme on se l'explique fort bien, contient néanmoins quantité de grandes et nobles pensées.

Ces occupations intellectuelles convenaient parfaitement d'ailleurs au genre d'existence qu'avait adoptée l'Emir ; résolu à faire de sa vie une protestation continuelle, il ne consentit jamais à se promener dans le parc du château, encore qu'il en eût le droit, et malgré les plus vives sollicitations, à ce sujet, de son médecin. « La santé, lui disait l'Emir, ne peut venir de l'air d'une prison ; ce qu'il me faudrait, c'est l'air de la liberté ; lui seul pourrait me guérir. » Jamais non plus il ne sortait de son appartement que pour présider à la prière en commun. Heureusement l'heure de la délivrance approchait.

Le 16 octobre 1852, le Prince Louis-Napoléon, suivi du général Saint-Arnaud, du général Roguet, du colonel Fleury, de MM. Fould et Baroche, qui l'avaient accompagné dans le voyage de Bordeaux, arrive à Amboise. Le secret de sa visite a été si bien gardé, qu'Abd el Kader ne l'apprit que lorsque le commandant Boissonnet vint le chercher pour le présenter au prince, dans le salon de réception. Vivement ému, l'Emir s'approche et salue profondément. Le prince lui annonce alors sa mise en liberté et qu'il sera conduit à Brousse où il recevra du gouvernement français un traitement (1) digne de son ancien rang.

(1) Cette dotation était de 100.000 francs. Elle a été payée à l'Emir

Abd el Kader baise la main du Prince, lui exprime en quelques mots sa reconnaissance, puis lui demande de permettre à sa vieille mère et à ses enfants de lui apporter le tribut de leurs actions de grâces. A la sortie du Prince, tous les compagnons d'Abd el Kader étaient rangés dans le vestibule où ils étaient venus le saluer.

La première pensée de l'Emir, après le départ de son libérateur, fut de réunir les siens pour appeler sur le Prince les bénédictions du ciel. Il composa même à son adresse et lui envoya une pièce de vers qui respirait le plus grand enthousiasme.

---

jusqu'à sa mort et fut ensuite reversée, en partie, sur la tête de ses enfants.

CHAPITRE XVIII

A Paris.

Octobre 1852. Quelques jours après sa mise en liberté et en attendant son départ pour Brousse, Abd el Kader demanda au gouvernement l'autorisation, qui lui fut aussitôt accordée, de venir à Paris. Il arrive dans la capitale le 27 octobre 1852, et le soir même il assistait à une représentation extraordinaire donnée à l'Opéra en l'honneur du Prince Napoléon. Pendant un entr'acte, l'Emir obtint d'être présenté à son libérateur et l'accueil qu'il en reçut, les respectueuses sympathies dont le saluèrent les notabilités parisiennes et les hauts fonctionnaires rangés sur son passage, pendant le trajet de sa loge à celle du Prince, produisirent sur lui une impression ineffaçable. Deux jours après il était reçu officiellement à Saint-Cloud et remettait au Prince une déclaration rédigée *motu proprio* et dans laquelle il confirmait sa soumission et son irrévocable attachement à la France. Cette déclaration, qu'aucune démarche, quoiqu'on en ait dit, n'avait provoquée, qui était toute spontanée, en un mot, toucha profondément le Prince et son entourage (1).

Le Prince Louis-Napoléon annonça à Abd el Kader qu'il avait commandé pour lui un sabre destiné à remplacer celui qu'il avait remis, il y avait cinq ans, au duc d'Aumale. Cette arme superbe, qui ne coûtait pas moins de 15.000 francs, dont la poignée était ornée de pierreries et dont la lame remontait au temps des Beni-Abbas, parvint à l'Emir quelque temps après son arrivée à Brousse.

---

(1) Voir l'appendice XV.

L'Emir demanda ensuite à visiter le tombeau de l'Empereur et l'Hôtel des Invalides, Mgr Sibour, archevêque de Paris, puis l'Imprimerie impériale d'où il sortit émerveillé. « J'ai vu hier, disait-il, la maison des canons avec lesquels on renverse les remparts (musée d'artillerie); je vois aujourd'hui la machine avec laquelle on renverse les rois. Ce qui en sort ressemble à la goutte d'eau venue du ciel; si elle tombe dans le coquillage entr'ouvert, elle produit la perle; si elle tombe dans la bouche de la vipère, elle produit le venin ».

Jamais on ne s'exprima mieux ni plus juste sur le compte de l'invention de Gutenberg.

Pendant ce séjour à Paris, Abd el Kader reçut de nombreuses visites, parmi lesquelles celles de quelques-uns de ses anciens prisonniers. Celle du capitaine Larruyet (1), lui fut particulièrement sensible. Tous n'avaient pour lui que des remerciements, et l'un d'entre eux demandait même à l'accompagner à Brousse! N'est-ce pas là le meilleur des témoignages contre l'imputation dont il avait trop longtemps porté la peine, du massacre des prisonniers de la Deïra (2)!

Abd el Kader repartit pour Amboise, non sans avoir sollicité l'autorisation de revenir à Paris à l'occasion de la proclamation de l'Empire. Quand il raconta aux siens la réception qui lui avait été faite, le souvenir des tristes jours de la captivité s'effaça comme par enchantement. Les yeux de Zohra (3) étaient baignés de larmes de bonheur et d'orgueil.

Le 22 novembre 1852, jour du plébiscite, l'Emir qui avait réclamé pour lui et ses compagnons la qualité de Français, demanda au maire d'Amboise à associer leurs suffrages et

---

(1) Un des prisonniers échappés six ans et demi auparavant au massacre de la Deira (24 avril 1846).

(2) Voir appendice XI.

(3) Mère d'Abd el Kader.

le sien à ceux de la France. Etrange coïncidence : il y avait vingt ans jour pour jour, qu'il avait été proclamé sultan dans la plaine de Ghris !

Le 2 décembre 1852, Abd el Kader saluait l'Empereur des Français aux Tuileries et Napoléon III lui disait, en lui serrant affectueusement la main : « Vous le voyez, votre vote m'a porté bonheur ».

Le 11 décembre, l'Emir quittait Amboise et, le 21, il s'embarquait à Marseille pour Constantinople.

CHAPITRE XIX

Brousse et Damas.

1853-1854. — Abd el Kader arriva à Brousse le 16 janvier 1853, accompagné du commandant Boissonnet. Le vali de Brousse, Halil Pacha, fit tous ses efforts pour dissuader le gouvernement français de laisser résider à Brousse l'ancien héros d'Algérie. Le pacha assurait que le gouvernement impérial connaissait mal l'Emir pour se confier en sa parole et en ses serments ; que, sans aucun doute, il tenterait de s'évader et de regagner l'Algérie. En somme, il ne se souciait guère de se voir rendre responsable d'une fuite possible.

Le gouvernement turc avait promis à l'Emir de lui acheter une maison pour l'installer dignement. C'est après bien des démarches du baron Rousseau, alors consul de France, que cette maison fut donnée. Encore le consul dut-il la meubler en partie. L'Emir ne l'habita pour ainsi dire pas, car six mois après son arrivée, il se retirait dans une ferme des environs de la ville où il resta à peu près deux ans.

Malgré la répugnance du vali à recevoir Abd el Kader, il lui fit cependant de grands honneurs, et ses premiers sentiments hostiles ne tardèrent pas à se changer en profonde sympathie.

L'Emir ne sortait que pour aller à la mosquée, menait une existence très retirée, recevait peu. Il se montra pendant son séjour à Brousse très courtois, très généreux, très charitable. Il faisait beaucoup de bien aux pauvres sans distinction. Le baron Rousseau le voyait presque tous les jours.

L'Emir profitait de toutes les occasions pour louer la magnanimité du gouvernement français. A plusieurs reprises, il exprima le désir d'assister au couronnement de l'Empereur. Il écrivit même particulièrement à ce sujet au marquis de la Valette, Ambassadeur à Constantinople.

1855. — Abd el Kader quitta Brousse dans le courant de 1855, à la suite du tremblement de terre qui détruisit une partie de la ville et qui l'effraya considérablement. Il se rendit alors à Damas sur l'autorisation de l'Empereur qu'il était venu solliciter en personne.

Il se trouvait à Paris au moment où y arriva la nouvelle de la prise de Sébastopol, et il assista au *Te Deum* chanté à Notre-Dame à l'occasion de cette victoire.

Pendant son séjour à Brousse, le vice-consulat de France avait été érigé en consulat. Après son départ, le poste redevint vice-consulat.

La maison mise à la disposition d'Abd el Kader fut achetée quelques années plus tard pour y installer les sœurs de Saint-Vincent-de-Paule qui l'occupent aujourd'hui.

Abd el Kader arriva à Damas au mois de décembre 1855. Comme à Brousse, comme à Pau et à Amboise, comme à Toulon, son temps réglé, heure par heure, est employé à l'étude, à l'éducation de ses enfants et aux pratiques religieuses.

1860. — Soudain, un coup de tonnerre éclate, le 9 juillet 1860, au milieu de cette calme existence d'étude, de recueillement et de paix : c'est le massacre général des chrétiens par les Druses, depuis longtemps sournoisement et habilement préparé par le gouverneur de Damas, le sinistre Amed Pacha.

Tout le Liban est à feu et à sang, mais c'est surtout à Damas que le carnage s'exerce dans toute sa barbare hideur.

En un instant, l'incendie s'allume sur tous les points de la ville, les cadavres s'amoncellent dans les rues que lavent des ruisseaux de sang : huit cents chrétiens sont égorgés.

Heureusement un homme se lève au milieu de l'affolement général pour protester contre cet inqualifiable attentat et le combattre au péril de sa vie. Et cet homme, c'est un descendant du Prophète, c'est l'ancien combattant de la Guerre Sainte, c'est Abd el Kader!

Aux premiers bruits de la fusillade, il appelle à lui tous ses Algériens, sa suite d'abord, puis les partisans qui avaient suivi autrefois Ben Salem, enfin ceux qui sont venus le rejoindre à Damas, depuis qu'il y est établi, environ 1.000 à 1.200 personnes. A leur tête, il délivre notre consul et l'etablit dans sa demeure, sur laquelle il fait flotter nos trois couleurs, disant orgueilleusement que, là où est son drapeau, là aussi est la France.

Il parcourt les divers quartiers de la ville et dispute ses victimes avec la dernière énergie, à une populace ivre de sang. Pendant cinq jours consécutifs, constamment sur pied, sans une minute de repos ni de découragement, il dirige cet admirable sauvetage et parvient à arracher 1.500 chrétiens à la sanguinaire fureur de ses coreligionnaires.

Abd el Kader venait de payer royalement la rançon de sa liberté. Il reçut en échange de sa belle conduite le grand cordon de la Légion d'honneur, qui n'avait été jamais mieux gagné.

1870-71. — Dix ans après, quand, en 1870, des émissaires prussiens tentèrent de l'entraîner en Algérie, il les repoussa avec mépris. Un de ses fils s'étant mêlé à des intrigues contre notre domination dans l'Afrique septentrionale, il le désavoua hautement.

Dans une lettre au gouvernement de la Défense nationale, en janvier 1871, il s'exprimait en ces termes :

« Louange à Dieu unique! à leurs Excellences MM. les Membres du Gouvernement de la France, résidant à Bordeaux. Que Dieu les aide et leur donne victoire!

» Vous m'avez informé que des imposteurs se servaient de notre nom et de notre cachet pour soulever le Sahara de l'Est et pour exciter les mécontents à porter les armes contre la France.

» Quand un grand nombre de nos frères (1) (Dieu les protège!) sont dans vos rangs pour repousser l'ennemi envahisseur, et quand vous travaillez à rendre les Arabes des tribus libres comme les Français eux-mêmes, nous venons vous dire que ces tentatives insensées, quels qu'en soient les auteurs, sont faites contre la justice, contre la volonté de Dieu et la mienne; nous prions le Tout-Puissant de punir les traîtres et de confondre les ennemis de la France. »

Il adressait en même temps aux indigènes algériens révoltés une lettre dans laquelle il les exhortait à se soumettre. Cette démarche, qui ne produisit du reste aucun effet, montre le peu d'influence que l'ancien Emir avait conservée sur ses compatriotes.

A la suite des tristes événements de 1870-1871, des voyageurs étrangers vinrent un jour le visiter, et, croyant lui être agréable, contèrent, avec une complaisance de mauvais goût, nos immenses désastres.

Abd el Kader sortit et revint un moment après, revêtu de ses insignes de dignitaire de la Légion d'honneur, indiquant ainsi à ses interlocuteurs combien ils s'étaient fourvoyés.

A partir de ce moment, il vécut complètement effacé et il était presque oublié, oh! vanité des choses humaines! quand la mort vint doucement le surprendre, en mai 1883, à l'âge de soixante-seize ans.

---

(1) Les tirailleurs algériens, les spahis et les goums venus d'Algérie.

CONCLUSION

On peut dire que, depuis sa délivrance, pas un acte, pas un mot d'Abd el Kader ne nous avait donné le droit de lui adresser un reproche. Au contraire, sa digne attitude en présence de nos revers lui avait donné tous les droits à notre respect et à notre sympathie, et, par sa noble conduite lors des massacres de Damas, il avait bien mérité de la cause de l'humanité et de la civilisation.

« Abd el Kader, dit Larousse, reste le type idéal du musulman intelligent et convaincu ; et son nom est désormais acquis à l'histoire, où il occupera une place glorieuse à côté des Judas Machabée, des Witikind, des Bolivar, de tous ceux, en un mot, qui ont lutté vaillamment pour l'indépendance de leur pays ! »

APPENDICES

APPENDICE I

Le général Desmichels à Abd el Kader.

Le général Desmichels, commandant la division d'Oran, à Sidi Abd el Kader ben Mahhi ed Din.

Salut!

Dans l'espérance de faire mettre en liberté quatre malheureux prisonniers renfermés dans les cachots de Mascara, je n'hésite pas à faire auprès de vous une démarche que ma position m'eût interdite, si elle ne m'eût pas été prescrite par l'humanité et si je ne savais pas que plus les hommes sont placés sur un échelon élevé, plus ils doivent se faire remarquer par des actes de grandeur d'âme, qui, seuls, établissent la distance que Dieu a voulu mettre entre eux.

En conséquence, en réclamant la liberté des Français qui, commandés pour protéger et soustraire des Arabes à la vengeance d'autres Arabes, sont tombés dans un criminel guet-apens, je ne puis pas croire que vous y mettiez des exigences et des conditions.

J'espère donc que, si vous tenez à être considéré comme un grand de la terre, vous ne resterez pas en arrière en générosité, et que vous suivrez mon exemple. Je vous promets que si les chances de la guerre faisaient tomber entre mes mains quelques-uns des vôtres, ils vous seraient rendus immédiatement sans aucune espèce de rançon.

Oran, 15 novembre 1833.

Gal DESMICHELS.

APPENDICE II

Réponse d'Abd el Kader.

Le 23e jour de Djémazi ul Evrel de l'hégire 1249 (30 octobre 1833).

Louange à Dieu, à notre Seigneur Mahomet, ainsi qu'à ses Croyants. Hadj Abd el Kader ben Mahhi ed Din, prince des fidèles défenseurs des Croyants, au général Desmichels (que Dieu protège ses armes !), gouverneur d'Oran.

Salut!

J'ai reçu la lettre dans laquelle vous exprimez l'espoir d'obtenir la liberté des quatre prisonniers qui sont entre mes mains ; j'ai compris tout ce qu'elle contenait et je m'empresse d'y ré pondre.

Je n'avais pas pensé à vous proposer de racheter vos soldats; ce n'est que sur l'assurance trompeuse qu'ils m'ont donnée de votre disposition à faire un sacrifice pour les délivrer et dans le but de soulager leur infortune, que je me suis décidé à faire une proposition de ce genre (1).

Vous me dites que, malgré votre position, vous avez consenti à faire les premières démarches, c'était votre devoir suivant les règles de la guerre; chacun son tour entre ennemis, un jour pour vous, un jour pour moi; le moulin tourne pour tous deux, mais toujours en écrasant de nouvelles victimes. Néanmoins, c'est un devoir religieux pour chacun de nous, et il faut l'accomplir. Pour moi, quand vous avez fait des prisonniers, je ne vous ai jamais fatigué de démarches en leur faveur. J'ai souffert, comme homme, de leur malheureux sort; mais, comme musulman, je regarde leur mort comme une vie nouvelle; et leur rachat de l'esclavage, au contraire, comme une mort honteuse; aussi, n'ai-je jamais demandé leur grâce. Vous me dites que les princes de la terre doivent se faire remarquer par leur générosité et leur grandeur d'âme, et vous concluez que je dois vous rendre, sans rançon, les prisonniers que j'ai entre les mains; votre principe est vrai en général, mais ma religion

(1) Il avait demandé mille fusils pour chacun d'eux.

s'y oppose; le rachat des esclaves n'est permis qu'entre musulmans. Quand vous sortirez à deux ou trois journées d'Oran, j'espère que nous nous verrons, et l'on saura enfin qui de nous deux doit rester maître du pays.

APPENDICE III

Le général Desmichels à Abd el Kader.

Le général Desmichels, commandant la division d'Oran,
à Sidi Abd el Kader ben Mahhi ed Din.

N'ayant pas reçu la réponse à la lettre que je vous ai adressée il y a environ un mois, je dois supposer qu'elle ne vous est pas parvenue, au lieu de penser que vous n'avez pas voulu vous occuper de mes propositions. Je me décide donc à vous renouveler, pour la troisième fois, celle qui a pour objet la mise en liberté des prisonniers français qui sont en votre pouvoir, qui n'ont pas été pris sur le champ de bataille, mais qui sont tombés par la plus noire perfidie dans un infâme guet-apens.

Je crois devoir vous rappeler que la France est la plus puissante nation du monde et que ce serait un grand aveuglement de votre part que de vouloir vous soutenir dans l'état de rébellion où vous êtes.

Si je suis assez fort aujourd'hui pour vous vaincre sans le concours des troupes que j'attends, que deviendrez-vous lorsque la France, fatiguée de sa longanimité pour les Arabes, aura envoyé ici les renforts qu'elle me destine? Vous seriez alors pressés, dispersés par ses guerriers aussi violemment que le sable emporté par le grand vent du désert. Il ne vous reste donc rien de mieux à faire, si vous voulez vous maintenir au rang élevé où les circonstances vous ont placé, que de vous rendre à mon invitation, afin qu'à l'ombre des traités que nous cimenterons fortement entre nous, les tribus puissent se livrer à la culture de leurs champs fertiles, dans les douceurs de la paix et jouir de tous les avantages qu'un grand peuple leur offre.

Oran, le 27 décembre 1833.

APPENDICE IV

Réponse d'Abd el Kader au général Desmichels.

Le 8e jour de Chaban de l'hégire 1250 (15 janvier 1834).

(Mêmes formules que dans la lettre précédente, appendice II.)

Nous avons reçu votre lettre renfermant des conseils, les meilleurs qui puissent se donner et qu'on ne peut combattre; nous les avons appréciés et mis à profit.

Vous persistez, dans les trois lettres que nous avons reçues de vous, à demander la délivrance des prisonniers dont vous déplorez l'esclavage; ces hommes dont nous avons le plus grand soin, ne sont pour nous d'aucune importance; mais l'état des choses où nous étions et le peu d'espérances que nous avions de le voir cesser, ne nous permettaient point de consentir à les rendre sans rançon; si vous désirez un arrangement entre les Français et les Arabes, j'adhérerai à votre demande concernant les prisonniers, lorsqu'un traité mutuellement consenti aura fait cesser les ravages du sabre. Nous vous ferons observer que notre religion, qui nous défend de demander la paix, nous permet de l'accepter quand elle nous est proposée, car Dieu dit, dans le Livre Saint : « Ne vous reposez qu'après la victoire; je suis toujours avec vous. »

La confiance que vos lettres nous ont inspirée a été un motif puissant pour nous déterminer à traiter avec vous. Il est dit aussi dans le Livre Saint : « Si on ne vous propose pas la paix, ne la recherchez pas, car c'est Dieu qui règle tout, et, si la paix est violée, confiez-vous en lui, il maintiendra votre union et protégera vos armes. »

Vous demandez une entrevue pour traiter, mais elle doit être subordonnée à des conditions qu'il faut connaître et qui, une fois acceptées, doivent être sacrées pour tous, quand même il n'existerait plus qu'un seul d'entre nous; car le Très-Haut a dit : « Quand vous avez formé une alliance, vous devez y rester fidèles, et s'il arrivait qu'un musulman, prisonnier des chrétiens, reçût la liberté sur parole, il ne pourrait s'en aller sans leur permission. »

Pour conduire à une bonne fin l'arrangement projeté, il est nécessaire que vous me fassiez connaître vos conditions et ce que vous désirez de moi. Je vous soumettrai les miennes et Dieu vous sera en aide. Vous vantez la puissance de la France et vous dépréciez la nôtre; cependant les siècles attestent la puissance musulmane qui a toujours obtenu la victoire sur ses ennemis. Si nous sommes faibles à l'extérieur, notre force est en Dieu, car il a dit : « Votre force est dans votre faiblesse même; confiez-vous à moi et vous réussirez dans toutes vos actions; observez votre religion, la victoire vous sera assurée; et si les forces vous manquaient vous les trouveriez dans vos croyances. » Nous ne prétendons pas à une victoire constante; la guerre a ses chances; aujourd'hui pour vous, demain pour nous.

La mort est pour nous un sujet de joie; nous ne regrettons pas le passé; nous n'avons d'autre appui que nos armes et nos chevaux; le sifflement des balles a plus de prix pour nous que l'eau fraîche pour celui que la soif dévore, et le hennissement des chevaux nous séduit plus que le charme d'une voie mélodieuse. Revenons à notre sujet. Si nous étions tout à fait décidés à établir entre nous des rapports durables d'amitié, mandez-nous-le, afin que nous puissions envoyer vers vous deux grands personnages investis de notre confiance qui, après avoir conféré avec Mardochée Amar (1), traiteraient avec vous de nos intérêts communs; ainsi s'accompliraient vos vœux avec l'aide de Dieu. Mais si nous étions obligés d'abandonner le pays, nous le ferions sans regret, car le terrain est à Dieu et il nous en a donné l'héritage; dans quelque lieu que nous allions, au levant ou au couchant, dans le désert, nous trouverons partout notre nation.

Vous paraissez dédaigner les forces des Arabes, et cependant nous sommes toujours prêts à combattre; compulsez l'histoire et vous verrez ce qui s'est passé en Asie, dans les environs de Damas.

Je vous fais mes excuses de n'avoir pas répondu à votre précédente lettre, j'étais très occupé quand elle m'a été remise; lorsque j'ai pu faire une réponse, votre envoyé avait quitté Mascara.

---

(1) Un des deux juifs à la solde d'Abd el Kader que celui-ci avait envoyés au général Desmichels pour l'amener insensiblement à faire à l'Émir des ouvertures de paix.

APPENDICE V

Traité de paix (Traité Desmichels).

Le Général commandant les troupes françaises dans la Province d'Oran et l'Émir Abd el Kader ont arrêté les conditions suivantes :

Article premier. — A dater de ce jour, les hostilités entre les Français et les Arabes cesseront. Le Général commandant les troupes françaises et l'Émir ne négligeront rien pour faire régner l'union et l'amitié qui doivent exister entre les deux peuples que Dieu a destinés à vivre sous la même domination.

A cet effet, des représentants de l'Émir résideront à Oran, Mostaganem et Arzew ; de même que, pour prévenir toute collision entre les Français et les Arabes, des officiers français résideront à Mascara.

Art. 2. — La religion et les usages musulmans seront respectés et protégés.

Art. 3. — Les prisonniers seront rendus immédiatement de part et d'autre.

Art. 4. — La liberté du commerce sera pleine et entière.

Art. 5. — Les militaires de l'armée française qui abandonneraient leurs drapeaux seront ramenés par les Arabes. De même, les malfaiteurs arabes qui, pour se soustraire à un châtiment mérité, fuiraient leurs tribus et viendraient chercher un refuge auprès des Français, seront immédiatement remis aux représentants de l'Émir, résidant dans les trois villes maritimes occupées par les Français.

Art. 6. — Tout Européen qui serait dans le cas de voyager dans l'intérieur sera muni d'un passeport visé par le représentant de l'Émir à Oran et approuvé par le Général commandant.

Le 26 février 1834.

APPENDICE VI

Convention du camp du Figuier.

Camp du Figuier, le 16 juin 1835.

Article premier. — Les tribus reconnaissent la souveraineté du Roi des Français et se réfugient sous son autorité.

Art. 2. — Elles s'engagent à obéir aux chefs musulmans qui leur seront donnés par le Gouverneur général.

Art. 3. — Elles livreront à Oran, aux époques d'usage, le tribut annuel qu'elles payaient aux anciens beys de la province.

Art. 4. — Les Français seront bien reçus dans les tribus, comme les Arabes dans les lieux occupés par les Français.

Art. 5. — Le commerce des chevaux, des bestiaux et de tous les produits du pays, sera libre, pour chacun, dans toutes les tribus soumises; mais les marchandises destinées à l'exportation ne pourront être embarquées que dans les ports qui seront désignés par le Gouverneur général.

Art. 6. — Le commerce des armes et des munitions de guerre ne pourra se faire que par l'intermédiaire des autorités françaises.

Art. 7. — Les tribus fourniront leurs contingents ordinaires toutes les fois qu'elles seront appelées par le Commandant d'Oran à quelque expédition militaire dans les provinces d'Afrique. Pendant la durée de ces expéditions, les cavaliers armés de fusils et de yatagans recevront une solde de deux francs par jour, et les hommes à pied, armés du fusil, un franc. Les uns et les autres apporteront au moins cinq cartouches. Il leur sera donné de nos arsenaux dix cartouches. Les chevaux des tribus soumises qui seraient tués au combat seront remplacés par le gouvernement français.

Art. 8. — Les tribus ne pourront commettre d'hostilités sur les tribus voisines que dans le cas où celles-ci les auraient attaquées, et alors le Commandant d'Oran, devra être prévenu sur-le-champ afin qu'il leur porte secours et protection.

Art. 9. — Lorsque les troupes françaises passeront chez les Arabes, tout ce qu'elles demanderont pour la subsistance des hommes et des chevaux sera payé aux prix habituels et de bonne foi.

Art. 10. — Les différends entre les Arabes seront jugés par leurs kaïds et leurs kadhis, mais les affaires graves de tribu à tribu seront jugées par le kadhi d'Oran.

Art. 11. — Un chef choisi dans chacune des tribus, résidera à Oran avec sa famille.

APPENDICE VII

Propositions faites par l'Emir au général Bugeaud (12 mai 1837).

Article premier. — L'Emir reconnait la souveraineté de la France (1).

Art. 2. — Tous les Musulmans qui habitent hors des villes seront sous sa loi (2).

---

(1) Cette phrase est, dans le texte arabe, la reproduction de l'ultimatum du général Bugeaud que nous avons cité plus haut ; elle n'est donc pas l'œuvre d'Abd el Kader qui s'est borné à la copier servilement. Seulement il est à remarquer que la traduction française n'a aucun rapport avec le texte arabe. Tandis que la phrase française proclame, en termes très explicites, la reconnaissance de la souveraineté de la France par l'Emir, le texte arabe dit simplement : « Le prince des fidèles sait que le sultan est grand ». (Emir el moumenin saref soulthan adhîm). Evidemment Abd el Kader n'avait pas à accorder plus qu'on ne lui demandait : mais nous serions curieux de connaître la pensée qui a pu lui venir à l'esprit, lorsqu'il s'est vu réclamer une sorte d'attestation constatant qu'il savait que le sultan (on ne dit pas même lequel) était grand.

S'agit-il ici d'une simple erreur de traduction ? Plusieurs y ont vu autre chose ; nous ne saurions partager leur avis, et ce qui nous fait croire à l'erreur, c'est précisément notre connaissance de la langue arabe (A). Nous défions, en effet, qui que ce soit, de traduire l'article 1er autrement que par une périphrase dont l'emploi eût demandé beaucoup de tact et une grande habitude des deux langues.

Or, les premiers interprètes que nous avons eus en Algérie étaient, pour la plupart, ou des Maronites du Liban, ou des juifs indigènes. Les premiers, nouveaux venus parmi nous, n'avaient pas, à cette époque, une connaissance suffisante de notre langue, ni du dialecte algérien qui se distingue de celui usité en Syrie ; les seconds (témoin Ben Durand) nous trompaient. Par un fatal concours de circonstances, les deux hommes qui furent précisément chargés des traductions verbales ou écrites que nécessita le traité de la Tafna, se trouvèrent être un Syrien, devenu aujourd'hui très habile interprète, et le juif indigène que nous venons de nommer. L'un ne comprit pas le sens de la phrase française ; l'autre ne voulut pas la comprendre, car il savait fort bien qu'un obstacle invincible, parce qu'il était puisé dans la religion, s'opposait à ce qu'Abd el Kader la signât.

(2) Le texte arabe dit : « Le pouvoir sur les musulmans qui sont hors des villes d'Alger et d'Oran, et quelque part qu'ils habitent, sera dans la main de l'Emir.

(A) Note de Léon Roches, interprète de l'armée d'Afrique et resté de nombreuses années auprès de l'Emir comme secrétaire et interprète.

Art. 3. — Le territoire d'Oran sera de Brédéa à la mer, et de Brédéa jusqu'aux marais de la Macta et, du côté d'Alger, jusqu'à l'oued Beni-Azza (1).

Art. 4. — L'Emir donnera cette année seulement, 20.000 mesures de froment, 20.000 mesures d'orge et 3.000 bœufs (2).

Art. 5. — L'Emir achètera en France la poudre, le soufre, les armes (3).

Art. 6. — Les Kouloughlis qui voudront rester à Tlemcen posséderont leurs propriétés et seront traités comme les hodards (citadins) (4).

Art. 7. — Ceux qui s'en vont du territoire français ou du territoire de l'Emir, seront réciproquement rendus sur la réquisition de l'une ou l'autre partie.

Art. 8. — La France cède à l'Emir Rachgoun, Tlemcen, le Méchouar, les mortiers et canons qui y étaient anciennement. L'Emir s'oblige à faire transporter à Oran tous les effets de la garnison (5).

Art. 9. — Le commerce sera libre entre les Arabes et les Français.

Art. 10. — Les Français seront respectés chez les Arabes, comme les Arabes chez les Français.

Art. 11. — Les fermes et propriétés que les Français auront acquises dans la Mitidja seront garanties. Ils en jouiront librement.

---

(1) Telle qu'elle est traduite, cette phrase est incompréhensible; qu'on la compare avec l'original : « Les Français posséderont du côté de l'ouest d'Oran, depuis Brédéa et Sâr (en y comprenant la Sebkha et le littoral de la mer), jusqu'à la Macta. Du côté d'Alger, ils auront depuis la rivière des Beni-Azza jusqu'à Alger. »

(2) Les mots : « Cette année seulement » ne se trouvent pas dans le texte arabe.

(3) Le texte dit : « L'Emir achètera la poudre, etc., sans dire où. »

(4) Voici le texte rectifié de l'article 6 : « Ceux des Kouloughlis qui voudront partir avec les Français, personne ne s'y opposera; ceux qui voudront rester seront sous notre puissance et celle de nos lois. »

(5) On vient de lire la traduction française; qu'on la compare à la traduction véridique : « Les troupes françaises sortiront de Tlemcen et du Méchouar et elles laisseront les anciens canons et mortiers. Les troupes se retireront de Rachgoun. » Il est vrai que l'obligation de faire transporter à Oran les effets de la garnison du Méchouar avait été conclue verbalement.

APPENDICE VIII

Traité de la Tafna.

Entre le Lieutenant-général Bugeaud, commandant les troupes françaises dans la province d'Oran, et l'Émir Abd el Kader, a été convenu le traité suivant :

Article premier. — L'Émir Abd el Kader reconnaît la souveraineté de la France en Algérie (1).

Art. 2. — La France se réserve :

Dans la province d'Oran :

Mostaganem, Mazagran et leurs territoires; Oran, Arzew, plus un territoire ainsi délimité : à l'est, par la rivière la Macta et le marais d'où elle sort; au sud, par une ligne partant du marais ci-dessus mentionné, passant par le bord sud du lac et se prolongeant jusqu'à l'Oued-Malah, dans la direction de Sidi-Saïd, et, de cette rivière jusqu'à la mer, de manière que tout le territoire compris dans ce périmètre soit territoire français;

Dans la province d'Alger :

Alger, le Sahel, la plaine de la Mitidja, bornée à l'est jusqu'à l'Oued-Keddara et au delà (2), au sud, par la crête de la première chaîne du petit Atlas jusqu'à la Chiffa en comprenant Blidah et son territoire; à l'ouest, par la Chiffa, jusqu'au coude du Mazafran, et, de là, par une ligne droite, jusqu'à la mer, renfermant Koléah et son territoire, de manière que tout le terrain compris dans ce périmètre soit territoire français.

Art. 3. — L'Émir administrera (3) la province d'Oran, celle de Tittery et la partie de celle d'Alger qui n'est pas comprise à l'est, dans la limite indiquée par l'article 2; il ne pourra pénétrer dans aucune autre partie de la Régence.

Art. 4. — L'Émir n'aura aucune autorité sur les musulmans qui voudront habiter sur le territoire réservé à la France; mais ceux-ci resteront libres d'aller vivre sur le territoire dont l'Émir

---

(1) On sait déjà à quoi s'en tenir sur cette prétendue reconnaissance de la souveraineté de la France.

(2) Cette phrase est incompréhensible et, de plus, elle n'est pas française.

(3) Le texte arabe dit iahkeum (gouvernera, commandera). Cette expression exclut toute idée de vassalité.

aura l'administration (1) comme les habitants du territoire de l'Émir pourront s'établir sur le territoire français.

Art. 5. — Les Arabes vivant sur le territoire français exerceront librement leur religion. Ils pourront y bâtir des mosquées et suivre en tous points leur discipline religieuse sous l'autorité de leurs chefs spirituels.

Art. 6. — L'Émir donnera à l'armée française (2) :

30.000 fanègues d'Oran de froment;

30.000 fanègues d'Oran d'orge;

5.000 bœufs.

La livraison de ces denrées se fera à Oran, par tiers; la première aura lieu du 1er au 15 septembre 1837, et les deux autres de deux mois en deux mois.

Art. 7. — L'Émir achètera en France la poudre, le soufre et les armes dont il aura besoin.

Art. 8. — Les Kouloughlis qui voudront rester à Tlemcen ou ailleurs, y posséderont librement leurs propriétés et y seront traités comme les hodards (citadins).

Ceux qui voudront se retirer sur le territoire français pourront vendre et affermer librement leurs propriétés.

Art. 9. — La France cède à l'Émir : Rachgoun, Tlemcen, le Méchouar et les canons qui étaient anciennement dans cette citadelle.

L'Émir s'oblige à faire transporter à Oran tous les effets ainsi que les munitions de guerre et de bouche de la garnison de Tlemcen.

Art. 10. — Le commerce sera libre entre les Arabes et les Français qui pourront s'établir réciproquement sur l'un et l'autre territoires.

Art. 11. — Les Français seront respectés chez les Arabes, comme les Arabes chez les Français. Les fermes et les propriétés que les Français ont acquises ou acquerront sur le territoire arabe leur seront garanties; ils en jouiront librement et l'Émir s'oblige à leur rembourser les dommages que les Arabes leur feraient éprouver.

Art. 12. — Les criminels des deux territoires seront réciproquement rendus.

Art. 13. L'Émir s'engage à ne concéder aucun point du litto-

(1) Pour Abd el Kader toute la question était là.

(2) Voilà ce que l'on a voulu faire passer pour un tribut. D'après les explications échangées, ce don était le prix de la remise de Tlemcen.

ral à une puissance quelconque, sans l'autorisation de la France.

Art. 14. — Le commerce de la Régence ne pourra se faire que dans les ports occupés par la France.

Art. 15. — La France pourra entretenir des agents auprès de l'Émir et dans les villes soumises à son administration, pour servir d'intermédiaire auprès de lui aux sujets français pour les contestations commerciales ou autres qu'ils pourraient avoir avec les Arabes. L'Émir jouira de la même faculté dans les villes et ports français.

Tafna, le 30 mai 1837.

Le Lieutenant-général commandant à Oran,
Bugeaud.

(Cachet de l'émir sous le texte arabe).

(Cachet du général sous le texte français) (1).

APPENDICE IX

Rapport au Roi au sujet du traité de la Tafna.

Sire,

M. le Lieutenant-général Bugeaud vient d'arrêter avec Abd el Kader, le 30 mai dernier, le projet de convention, dont j'ai l'honneur de mettre le texte sous les yeux de Votre Majesté.

Ces conventions sont la reproduction de celles qui avaient été précédemment discutées et approuvées par le conseil de Votre Majesté (2), sauf quelques différences que je dois lui signaler.

L'article 1er stipule la reconnaissance et la souveraineté française en Afrique en termes positifs (3), qu'Abd el Kader n'avait pas admis précédemment et sur lesquels mes instructions avaient prescrit au général Bugeaud d'insister.

La zone réservée par l'article 2 autour d'Oran embrasse,

---

(1) Nous ne saurions nous empêcher de faire remarquer le soin que mettent le négociateur français et Abd el Kader à n'apposer leur cachet l'un, que sous le texte français, l'autre que sous le texte arabe, voulant dire tous deux sans doute : voilà ce que je comprends et voilà seulement ce que j'approuve.

(2) On a vu, par les instructions premières, ce qu'il faut penser de cette assertion.

(3) Oui, dans le texte français.

outre les limites déterminées par les précédentes autorisations du gouvernement, les villes de Mostaganem et de Mazagran avec leurs territoires.

Aux environs d'Alger, la délimitation du territoire réservé qui comprend Blidah et Koléah, est telle que le Gouvernement l'avait demandée en dernier lieu. La latitude laissée à nos limites du côté de l'est, que les précédents projets avaient présentée d'une manière équivoque, s'explique dans celui-ci en faveur de la France (1).

L'article 3 exprime d'une manière formelle que l'Emir ne commandera nulle autre part que dans les limites indiquées par le traité, c'est-à-dire dans les pays sur lesquels la France consent que son autorité s'établisse.

L'Emir renonce expressément, par l'article 4, à toute autorité sur les musulmans qui habitent notre territoire.

L'article 6 impose à l'Emir l'obligation de fournir cette année une quantité plus considérable de denrées et de bestiaux, mais il n'est plus question de tribut annuel qu'avaient demandé mes instructions, et au payement duquel l'Emir s'est refusé comme une chose contraire à sa religion.

L'article 9 comprend Rachgoun au nombre des points cédés à Abd el Kader. Mes instructions prescrivaient au général Bugeaud de ne pas abandonner l'île de ce nom pour ne pas donner à l'Emir l'autorisation implicite de former des établissements maritimes, et de ne pas rendre plus difficile la surveillance que la possession de cette île nous permet d'exercer sur cette partie de la côte. Je pouvais donc craindre que le général Bugeaud ne se fût écarté en ce point des conditions tracées par votre gouvernement. Mais le traité lui-même, daté, en arabe, de Rachgoun, fait voir que les indigènes désignent par ce nom toute la portion de la côte qui environne l'embouchure de la Tafna et que la cession dont il s'agit est celle de l'établissement que nous avons formé auprès de cette embouchure. Il n'est pas certain, toutefois, que la dénomination de Rachgoun ne comprenne pas l'île en même temps que la baie. C'est le seul point douteux dans le texte que j'ai l'honneur de soumettre à Votre Majesté. Le général Bugeaud pourra être invité, si cela paraît nécessaire, à l'éclaircir dans le sens de ses précédentes instructions.

(1) Nous verrons bientôt les difficultés que présenta l'interprétation de cet article, lors de la promenade militaire du duc d'Orléans sur Constantine, promenade qui répond au nom « d'Expédition des Portes de Fer. »

L'extradition n'aura lieu, de part et d'autre, aux termes de l'article 12, que pour les criminels seulement, c'est-à-dire pour les meurtriers, les voleurs de grands chemins et les incendiaires. Cette stipulation ôte à Abd el Kader le droit de réclamer, comme il le demandait, tous ceux qui s'en iraient de son territoire; mais elle nous retire en même temps la faculté de réclamer nos déserteurs.

Par l'article 13, Abd el Kader s'oblige, comme le Gouvernement l'avait demandé, à ne céder à aucune puissance un point quelconque du littoral sans l'autorisation de la France.

Enfin, l'article 14 dispose que tout le commerce des provinces d'Alger et d'Oran, c'est-à-dire des pays cédés à l'Emir, se fera dans les ports occupés par nous. Cette condition, sur laquelle votre gouvernement avait insisté, a été ajoutée sur le dernier projet.

D'après cet exposé, j'ai l'honneur de prier Votre Majesté de vouloir bien ratifier la convention passée, le 30 mai dernier, entre le général Bugeaud et Abd el Kader. Ce traité, assurant la paix dans l'ouest et dans le centre, nous permettra d'appliquer toutes nos forces à l'expédition de Constantine.

Je suis, avec un profond respect, etc.

Le Ministre, secrétaire d'Etat de la guerre,
BERNARD.

Approuvé :
LOUIS-PHILIPPE.

APPENDICE X

Lettre d'Abd el Kader au Roi.

Je t'ai écrit trois lettres dans lesquelles je t'exprimais toute ma pensée; pas une n'a eu de réponse. Elles ont été interceptées sans doute, car tu es trop bienveillant pour ne pas m'avoir donné la satisfaction de savoir réellement quelles sont tes véritables dispositions. Puisse cette dernière tentative avoir plus de réussite! Puisse l'exposé de ce qui se passe en Afrique et y attirer ton attention et y amener enfin un système propre à faire le bonheur des deux populations que Dieu a confiées à notre sollicitude!

La conduite de tes lieutenants est injuste à mon égard et je ne puis supposer encore qu'elle soit connue de toi, tant j'ai confiance en ta justice.

On tâche de te faire croire que je suis ton ennemi ; on t'abuse. Si j'étais ton ennemi, j'aurais déjà trouvé maintes causes de commencer les hostilités.

Depuis le refus que j'ai fait au commandant (de Salles), envoyé du maréchal Valée, de signer de nouveaux traités qu'il me présentait, refus dont je t'ai dit les motifs dans une de mes lettres citées plus haut, il n'est sortes d'injustices dont je n'ai été abreuvé par tes représentants à Alger. Mes soldats ont été arrêtés et retenus en prison sans motif légal ; ordre a été donné de ne plus laisser exporter dans mon pays la moindre quantité de fer, de cuivre ou de plomb ; mes envoyés à Alger ont été maltraités par les autorités ; on ne répond à mes lettres les plus importantes que par un reçu au cavalier qui les remet ; on s'empare des lettres qui me sont adressées d'Alger.

Et puis, on dit que je suis ton ennemi ; que je veux la guerre à tout prix, moi qui désire par tous les moyens imiter l'exemple de ta nation industrieuse ; qui, malgré ce prélude d'hostilités, facilite l'arrivée de toutes les productions de mon pays sur vos marchés ; qui m'entoure des Européens qui peuvent amener chez moi l'industrie, et qui donne enfin les ordres les plus sévères pour que tes négociants, tes savants même, parcourent en sûreté mon territoire et n'y trouvent qu'un accueil bienveillant.

Mais, te dira-t-on, l'Emir n'a pas encore rempli les conditions à lui imposées par le traité de la Tafna. Je réponds : Je n'ai retardé l'accomplissement de ces clauses que parce que ton représentant Bugeaud a, le premier, manqué à ses engagements.

En effet, où sont ces nombreux fusils, ces innombrables quintaux de poudre, ces approvisionnements de plomb, de soufre ? Pourquoi vois-je encore à Oran, ces chefs des Douairs et des Zmélas dont l'envoi en France m'avait été promis ? Bugeaud croit-il que je n'ai plus entre mes mains ce traité particulier, le seul qui m'intéressât tout entier, écrit de sa main et revêtu de son cachet ? Pouvais-je croire un instant à la non-validité des promesses écrites du représentant du Roi des Français ?

Je te l'avoue, j'avais une si haute idée de la bonne foi des chrétiens français, que j'ai été effarouché par ce manque d'exécution de leurs promesses, et que, sans des nouvelles plus positives de toi, j'ai refusé de faire un autre traité.

Oui, tes agents militaires ne veulent que combats et nouvelles conquêtes. Ce système n'est pas le tien, j'en suis sûr. Tu n'es point descendu sur la terre d'Afrique pour exterminer les habitants, ni pour les chasser de leur pays ; tu as voulu leur apporter les bienfaits de la civilisation. Tu n'es pas venu asservir des esclaves, mais bien les faire jouir de cette liberté qui est le mobile le plus puissant de ta nation, et dont elle a doté tant de peuples.

Est-ce donc avec les armes, est-ce avec la mauvaise foi que tes agents parviendront à ce but? Jamais! Les Arabes croiront que tu es venu porter atteinte à leur religion et conquérir leur pays, leur haine en deviendra plus vive; ils seront plus forts que ma volonté, et nous verrons s'évanouir à jamais nos projets mutuels de civilisation.

Je t'en prie, au nom du Dieu qui nous a créés, cherche à mieux connaître ce jeune Arabe que le Très Haut a placé, malgré lui, à la tête d'un peuple simple et ignorant, et qu'on te dépeint comme un chef de parti ambitieux. Fais-lui savoir quelles sont tes intentions; que surtout tes paroles arrivent directement à lui; et sa conduite te prouvera qu'il était mal apprécié.

Que Dieu t'accorde les lumières nécessaires pour gouverner sagement tes peuples!

APPENDICE XI

Massacre des prisonniers de la deïra.

Le 24 avril 1846, eut lieu le massacre des prisonniers français que renfermait la déïra. Ces prisonniers, qui provenaient du combat de Sidi-Brahim et de la capitulation d'Aïn-Témouchent, étaient au nombre de 200.

Les officiers, MM. Courby de Cognord, Larruyet, Marin (1), Hillevain et les quatre soldats qui leur servaient d'ordonnances, le docteur Cabasse et deux sous-officiers MM. Barbut et Thomas, furent épargnés pour servir d'otages. Les 189 autres prisonniers, à l'exception de deux seulement qui parvinrent à la faveur du désordre à s'enfuir et à gagner la frontière, furent cruellement massacrés par les réguliers de la déïra.

Cette tache sanglante a flétri longtemps la mémoire d'Abd el Kader et l'opinion publique en France était telle, à ce sujet, qu'un orateur put dire, du haut de la tribune de l'Assemblée nationale, qu'en manquant au droit des gens, l'Emir s'était mis hors la loi. Lui-même n'en avait-il pas revendiqué publiquement la responsabilité dans une lettre au roi ?

---

(1) Le même qui avait capitulé près d'Aïn-Témouchent, en rase campagne.

Cependant il est aujourd'hui certain qu'il ne fut pour rien dans ce massacre et qu'il ne le connut que lorsqu'il était déjà accompli. Ses sentiments chevaleresques, la façon dont il avait traité jusque là ses captifs, les témoignages que lui ont rendus sur ce point M. le capitaine Larruyet, nommé plus haut, l'enseigne de vaisseau de France et le capitaine de Mirandol, plus tard général, qui avaient été ses prisonniers, ne laissent subsister aucun doute à cet égard.

Pourquoi donc revendiquer une responsabilité aussi lourde, dira-t-on, puisqu'il n'était pas coupable ? Parce que c'était le seul moyen d'arracher les survivants à ses khalifahs qui n'eussent jamais consenti à s'en dessaisir, même contre rançon, tant que la responsabilité du massacre ne serait pas déplacée.

Le vrai, le seul coupable de cette hécatombe humaine, c'est Moustapha ben Thamy, beau-frère de l'Emir et alors chef de la déïra. Une preuve entre toutes c'est que, plus tard, en 1852, lorsque, rendu à la liberté, l'Emir va saluer à Paris l'empereur Napoléon III, il se fait accompagner de Sy Kaddour ben Allal, son second lieutenant, et laisse à Amboise son beau-frère Moustapha; il sait qu'entre cet homme et la France, il y a le sang lâchement répandu dans la nuit du 24 avril.

Quant à la cause du massacre, la voici dans toute sa simplicité. Sous le coup des mauvaises nouvelles qui arrivaient tous les jours d'Algérie où se trouvait l'Emir, des défections se produisaient quotidiennement plus nombreuses, même dans la déïra. A partir du 19 avril, c'étaient chaque nuit des exodes de tribus entières abandonnant la cause de l'Emir, pour venir, sur le territoire algérien, se mettre à l'abri de nos armes. Un seul moyen existe de mettre fin à cette débandade, c'est de lier les tribus par la commune responsabilité d'un crime et par la crainte de nos justes représailles; c'est de mettre entre elles et l'Algérie, un ruisseau de sang.

Ce moyen est horrible. Qu'importe, puisqu'il est le seul efficace ! Et Ben Thamy n'hésite pas à l'employer.

APPENDICE XII

Lettre d'Abd el Kader au gouvernement provisoire.

Louange au Dieu unique ! Seul, son empire est durable !

Aux appuis de la République qui gouvernent la France, et qui sont à son égard ce que les yeux et les membres sont au corps ;

Salut à ceux que Dieu a honorés en faisant que de leurs actions résultent le bien et le bonheur de tous;

Le sid Ollivier, votre mandataire, est venu me voir. Il m'a informé que les Français, d'un commun accord, ont aboli la royauté et établi que leur pays serait désormais une république.

Je me suis réjoui en apprenant cette nouvelle, car j'ai lu dans les livres que ce genre de gouvernement a pour but d'anéantir l'injustice et d'empêcher le fort de faire violence à celui qui est plus faible que lui.

Vous êtes des hommes généreux; vous désirez le bien de tous et vos actes sont dictés par la justice. Dieu vous a institués protecteurs des malheureux et des affligés et par conséquent le mien. Faites donc tomber le voile de douleur que l'on a placé autour de moi. Je demande justice; je ne l'ai pas obtenue jusqu'à présent; mais vous, vous ne pouvez me la refuser, puisque vous avez bâti de vos mains l'ordre des choses qui a pour but de rendre l'injustice impossible.

Ce que j'ai fait, pas un de vous ne saurait le condamner; j'ai défendu ma religion et mon pays autant que je l'ai pu, et, j'en ai la certitude, vous ne pouvez que m'approuver. Quand j'ai été vaincu, lorsqu'il m'a été impossible de douter que Dieu ne voulait pas me donner son appui contre vous, je me suis décidé à me retirer du monde. C'est alors que, bien qu'il me fût facile de chercher un asile, soit chez les Berbères, soit dans les tribus du Sahara, j'ai consenti à me remettre entre les mains des Français. J'avais la conviction que, me le promettant, ils m'enverraient dans le pays que j'indiquerais, et c'est pour ce motif que, parmi toutes les nations chrétiennes ou musulmanes, celle que j'ai choisie pour me confier à elle, a été la France, dont la parole est restée inviolée jusqu'à ce jour. J'ai demandé au général de Lamoricière de me faire conduire à Alexandrie, d'où je me rendrais à La Mecque; je lui ai demandé de ne me faire passer ni par Oran, ni par Alger, ni par Toulon, ni par quelque point de la France que ce fût; je lui ai demandé de m'envoyer directement de Djema-Ghazaouat à Alexandrie; à toutes ces demandes, il a donné non seulement son adhésion verbale, mais encore il m'a envoyé une lettre qu'il a signée de son nom en français et sur laquelle il a également apposé son cachet arabe.

Quand cette lettre me fut parvenue, sachant que la parole des Français était une, je me suis livré entre ses mains. S'il m'avait répondu qu'il ne pouvait me garantir ce que je lui demandais, jamais je ne me serais rendu. Mais loin de là, j'avais la conviction que la parole française était une parole sûre, et qu'elle était inviolable, fût-elle donnée par un simple soldat.

Aujourd'hui, la croyance que j'avais alors s'est ébranlée. Pour me la rendre, je vous adjure de me faire justice et, en me remettant en liberté, de changer ma tristesse en joie. Vous avez accompli une chose qui fait le bonheur de tous; si vous me laissez seul dans la douleur, je vous en demanderai compte devant Dieu.

Vous êtes des hommes instruits et vous devez comprendre que je ne puis vivre dans un pays où tout diffère du nôtre : langage, mœurs, nourriture, vêtements. Souvent je me suis dit qu'alors même que les Français me feraient prisonnier en combattant, je ne recevrais d'eux que le bien, parce que ce sont des hommes braves et généreux, qui savent peser la valeur du vainqueur et celle du vaincu. Eh bien ! je n'ai pas été fait prisonnier; je me suis rendu aux Français de bonne volonté.

Je crains que quelqu'un de vous ne suppose que, regrettant ce que j'ai fait, je conserve l'intention de retourner en Algérie. Cela ne sera pas. Je suis actuellement au nombre des morts et ne songe plus à rien qu'à aller à La Mecque et à Médine pour y adorer le Tout-Puissant jusqu'à ce qu'il m'appelle à lui.

Je vous adresse mes salutations.

Ecrit par Abd el Kader, fils de Mahhi ed Din, le 9 de rebi'l aouel 1264 (mars 1848).

APPENDICE XIII

Lettre d'Abd el Kader au général de Lamoricière, Ministre de la guerre.

Château de Pau.

Louange au Dieu unique!

A celui dont la parole n'est point susceptible de changement, et qui ne peut enfreindre le pacte qu'il a formé, dont la personne est célèbre tant en Orient qu'en Occident, et le nom répété dans toutes les langues; à notre ami, à notre frère fortuné de Lamoricière !

Que le salut soit sur toi, salut dans lequel se réunissent et les félicitations et les compliments!

J'ai rendu grâces à Dieu en apprenant qu'après avoir triomphé de ceux qui suscitaient le trouble, c'est à toi qu'a été dévolu le soin d'assurer le bonheur de la France. Je me suis donc réjoui de la nomination au ministère, convaincu qu'elle aurait pour résultat ma liberté. Aussi beaucoup de Français sont-ils venus me trouver et m'ont dit : « Tu peux te considérer comme libre, car ton ami, celui qui t'a donné sa parole, est dans un rang élevé et tel qu'il n'est pas de puissance plus grande que la sienne. »

Tu es, en effet, aimé de tous les Français, et notamment des membres de la Chambre, à raison des grands services que tu as rendus à l'État, et tu peux accomplir des choses bien autrement difficiles que celles à l'égard de laquelle tu t'es engagé vis-à-vis de moi.

Cette parole, les populations de l'Orient et de l'Occident, de la terre et des îles, la connaissent. Il faut donc que tu me retires de l'oubli où je suis plongé, car je suis comme l'homme que l'on a jeté à la mer; mais le salut me viendra de ta main.

La plupart ne comprennent pas ma situation, et prétendent que je suis venu aux Français par force et par contrainte; ils ajoutent que c'est toi qui, te mettant à ma poursuite, m'as réduit aux abois. (K'elledi agl-hou nagès.) Il convient que tu leur fasses connaître la vérité, que tu leur dises que si tu n'étais arrivé avec tes promesses, je ne serais pas venu à toi; que tu étais éloigné de moi lorsque les pourparlers avaient lieu entre toi et moi; que la distance qui nous séparait était d'au moins dix heures de marche; que le chemin du sud m'était ouvert, ainsi que celui qui m'aurait conduit chez les Berbères; que j'avais la faculté d'aller où il me plairait, même de me remettre entre les mains du sultan du Gharb, qui, loin de me faire mourir, m'aurait, au contraire, comblé de bienfaits (1).

Les Français prétendent encore que cette question de mon envoi en Orient est nouvelle. Dis-leur que, maintes fois, les chefs français m'ont invité à prendre ce parti; qu'ils ont dirigé vers ces contrées nombre d'individus tombés en leur pouvoir, qu'ils y ont envoyé mon ancien khalifah Ben Salem; dis-leur combien de pourparlers ont eu lieu à différentes époques entre eux et moi à ce sujet; dis-leur encore que j'ai entre les mains

(1) Le général de Lamoricière avait dit, le 5 février 1848, à la tribune de la Chambre des députés : « Un mot que vient de dire M. le maréchal Bugeaud, mot que j'accepte, c'est qu'Ab el Kader *s'est rendu, qu'il n'a pas été pris*... » Et plus loin : « Il fallait continuer, a-t-on dit, au lieu de parlementer. Savez-vous ce que j'aurais pris si j'avais continué? J'aurais pris le convoi, j'aurais fait une razzia de plus, je vous aurais rendu compte que j'avais pris la tente d'Abd el Kader, son tapis, une de ses femmes, peut-être un de ses khalifahs; *mais lui, avec ses cavaliers, serait parti pour le désert!* »

ton écrit constatant que les Français acceptaient toutes mes conditions; que tu as engagé la parole de la France; que le prince d'Alger (1) a sanctionné ces engagements. Ajoute, enfin, que je suis un homme mort pour le monde; que je jure par les serments les plus sacrés que je ne susciterai pas la discorde parmi leurs sujets d'Algérie, Arabes ou Kabyles, musulmans ou juifs. Dieu t'a donné la puissance, et il n'est personne qui puisse admettre une excuse de ta part si tu ne me rends pas la liberté, et qui ne te dise : Que ta femme soit un péché pour toi! (Iahhram aial-ak!).

Explique donc toute cette affaire aux Français, dont l'honneur est célèbre parmi tous les peuples; il est impossible que, la comprenant, ils ne me fassent pas mettre en liberté.

Si tu ne le fais pas, que la honte en retombe sur toi; qu'aucun homme n'ajoute plus foi à ta parole; que, grand ou petit, personne n'ait plus pour toi aucune considération!

Salut de la part d'Abd el Kader, fils de Mahhi ed Din.

Daté du 7 du mois de chabân 1264 (9 juillet 1848).

APPENDICE XIV

Le maréchal Bugeaud à Abd el Kader.

ARMÉE DES ALPES.

Lyon, 4 avril 1849.

Le 29 du mois de janvier, j'allais partir pour te porter des paroles de consolation, lorsque des menaces de troubles dans notre pays (2) me forcèrent à venir me mettre à la tête de mon armée. Ne pouvant la quitter de quelque temps, je me décide à t'écrire une partie de ce que je voulais te dire. Je ne renonce pas pour cela à te visiter dans ta retraite, et, dès que cela sera possible, je serai près de toi.

Tu as éprouvé de grands malheurs, et l'Algérie en a éprouvé de plus grands encore à cause de toi. Dieu n'a pas épargné la France davantage. Depuis que tu t'es rendu au sein de l'armée française, des troubles sont survenus dont l'histoire offre peu d'exemples. Sans doute, ton pays et le nôtre avaient mérité ces châtiments, car Dieu est souverainement juste et nul ne peut pénétrer ses desseins.

---

(1) Le duc d'Orléans.
(2) Les troubles qui éclatèrent à Paris le 29 janvier 1849.

Le Roi qui vient d'être renversé m'avait donné la ferme espérance que tu serais envoyé à la Mecque (1). Les gouvernements qui lui ont succédé ont été forcés, par l'opinion publique, de renoncer à cette résolution.

Je crois devoir te parler avec la franchise d'un ami véritable. Il s'écoulera peut-être de longues années avant que tu puisses espérer te rendre dans la ville du Prophète (2). Te bercer d'une espérance vaine serait te rendre plus malheureux.

J'aime mieux te conseiller de prendre un parti conforme à la situation que Dieu et les événements t'ont faite.

Je voudrais que tu te décidasses à adopter la France pour patrie et à demander au gouvernement de te rendre propriétaire pour toi, ta famille et ta descendance, d'une belle terre où tu aurais une existence égale à celle de nos hommes les plus considérables, où tu pourrais pratiquer ta religion et élever tes enfants comme tu l'entendrais.

Je sais qu'une pareille perspective te séduira peu (3). Mais ce qui doit te toucher, c'est l'avenir de tes enfants et le sort des nombreuses personnes qui t'entourent. Tu le vois, ils meurent ou dépérissent d'ennui. Si, au contraire, ils vivaient sur une propriété qui leur appartînt, leur existence pourrait s'écouler douce et agréable. Ils s'occuperaient de la culture de leurs champs et de leurs jardins; ils auraient la distraction de la chasse, l'agriculture leur offrirait chaque jour un nouvel intérêt, et rien n'est plus fait pour consoler les âmes élevées que le spectacle de la nature à laquelle on vient en aide par ses travaux.

Voilà ce que je te conseille par humanité pour ce qui t'entoure, et par le haut intérêt que m'ont inspiré tes malheurs et les grandes qualités dont Dieu t'a doué.

Reçois mon salut et mes vœux.

Maréchal Bugeaud, duc d'Isly.

---

(1) Ces paroles confirment une promesse qui avait été portée à Abd el Kader par M. de Beaufort.

(2) M. le général Bugeaud devait parler ainsi pour obtenir qu'Abd el Kader consentît plus facilement à ce qu'il allait lui demander.

(3) Dans une des visites qu'Abd el Kader fit à Saint-Cloud au prince Louis-Napoléon, Son Altesse lui offrit l'alternative ou d'être envoyé en Orient, comme Elle le lui avait promis, ou d'habiter Trianon, qui serait mis à sa disposition. Etait-ce une réminiscence du conseil du 4 avril 1849 ? Malgré la magnificence d'une semblable proposition, Abd el Kader opta pour son envoi sur une terre musulmane.

APPENDICE XV

Déclaration remise par Abd el Kader au prince Napoléon.

Louange à Dieu unique !

Que Dieu continue à couvrir de sa protection notre seigneur et le seigneur des rois, Louis Napoléon ! Qu'il lui vienne en aide et dirige son jugement !

Celui qui se tient debout devant vous est Abd el Kader, fils de Mahhi ed Din.

Je suis venu voir Votre Altesse très élevée pour la remercier de ses bienfaits et me rassasier de sa vue. Vous êtes en effet pour moi plus cher qu'aucun autre ami, car vous m'avez fait un bien dont je suis impuissant à vous rendre grâces, mais qui n'est pas au-dessus de votre grand cœur, de la hauteur de votre rang et de votre noblesse. Que Dieu vous glorifie !

Vous êtes de ceux qui ne font pas de vains serments ou qui trompent par le mensonge. Vous avez eu confiance en moi ; vous n'avez pas cru à ceux qui doutaient de moi ; vous m'avez mis en liberté, tenant ainsi, sans m'avoir fait de promesses, les engagements que d'autres avaient pris envers moi et n'avaient pas tenus.

Je viens donc vous jurer, par les promesses et le pacte de Dieu, par les promesses de tous les Prophètes et de tous les envoyés, que je ne ferai jamais rien de contraire à la foi que vous avez eue en moi, que je ne manquerai pas à ce serment ; que je n'oublierai jamais la faveur dont j'ai été l'objet, qu'enfin je ne retournerai jamais dans les contrées de l'Algérie.

Lorsque Dieu m'eut ordonné de me lever, je me suis levé, et j'ai frappé la poudre autant que je l'ai pu ; lorsqu'il m'eut ordonné de cesser, j'ai cessé, obéissant aux ordres du Très-Haut. C'est alors que j'ai abandonné le pouvoir et que je suis venu à vous.

Ma religion (et mon honneur) m'ordonnent d'accomplir mes serments et de ne point user de mensonge. Je suis chérif (descendant du Prophète), et je ne veux pas que l'on puisse m'accuser de trahison. Comment, d'ailleurs, cela serait-il possible, maintenant que j'ai éprouvé vos bienfaits et les faveurs dont je ne pourrai jamais assez vous remercier ?

Un bienfait est un lien jeté au cou des hommes de cœur.

J'ai été témoin de la grandeur de votre pays, de la puissance de vos troupes, de l'immensité de vos richesses et de votre population, de la justice de vos décisions, de la droiture de vos actes, de la régularité des affaires, et tout cela m'a convaincu que personne ne vous vaincra, que personne, autre que le Dieu tout puissant, ne pourra s'opposer à votre volonté.

J'espère de votre générosité et de votre noble caractère que vous me maintiendrez près de votre cœur, alors que je serai éloigné, et que vous me mettrez au nombre des personnes de votre intimité, car, si je ne les égale pas par l'utilité de leurs services, je les égale par l'affection que je vous porte. Que Dieu augmente l'amour de ceux qui vous aiment et la terreur dans le cœur de vos ennemis !

J'ai terminé ; je n'ai plus rien à ajouter, sinon que je reste avec votre amitié, et fidèle à la promesse que je vous ai faite.

Daté du milieu de mohanem 1269 (30 octobre 1852).

APPENDICE XVI

Description du camp de l'Emir.

Le camp est de forme circulaire. Les tentes des soldats réguliers, infanterie et cavalerie, forment le cercle. Elles sont plus ou moins rapprochées suivant le nombre de cavaliers auxiliaires appelés par le sultan et qui sont dans l'intérieur du camp. Les tentes de l'armée régulière ont la forme d'un cône ; elles sont soutenues par un seul montant et doivent contenir trente-trois hommes. L'ouverture regarde l'intérieur du camp dont l'entrée, tournée vers l'Orient, est formée par la tente du commandant de l'artillerie et par celle du chirurgien en chef, auxquels est conféré le droit d'asile. Deux pièces d'artillerie sont braquées sur l'entrée. A peu près au milieu de la circonférence du camp s'élève l'outak (1) du sultan ; à sa droite et à sa gauche sont

(1) Il y a plusieurs sortes de tentes. La tente du sultan et des khalifahs ou d'un chef qui commande dans un campement se nomme, « outak ». La tente des fonctionnaires et des Arabes auxiliaires et qui a la même forme que celle de l'Emir, sauf les dimensions, se nomme « gueitoun », au pluriel guitouna ; elles sont en toile de coton. La tente de l'armée se nomme « khéba ».

Les tentes sous lesquelles habitent les Arabes ont une forme toute différente ; elles se composent de bandes de laine mêlées de poils de chameaux et de poils de chèvre rejointes les unes aux autres par de petites chevilles en bois et soutenues au-dessus du sol par des traverses et des supports en bois de différentes dimensions.

placées les tentes de ses secrétaires, des hauts fonctionnaires; un peu en arrière se trouvent celles destinées à abriter les munitions, les objets reçus en cadeaux, les selles, armes, vêtements, tous les objets d'habillement pour l'armée, enfin tout ce qui est la propriété du gouvernement, excepté l'argent qui est renfermé dans des coffres placés dans l'outak du sultan.

D'autres tentes en laine contiennent les vivres de l'armée régulière. Elles abritent également la manutention et les cuisines. A côté sont parqués les chameaux et les mulets de transport. Dans l'intérieur du camp sont les tentes des cavaliers auxiliaires, dominées par celles de leurs chefs et celles des khalifahs.

Depuis le coucher jusqu'au lever du soleil, personne ne peut sortir du camp ni y entrer sans une permission expresse du sultan; il y a peine de mort contre une pareille infraction.

La tente du sultan est soutenue par trois montants d'environ quinze pieds d'élévation. Elle est garnie intérieurement de draps de diverses couleurs formant des dessins irréguliers. Voici la cause de cette diversité :

Après l'expédition française dirigée contre Mascara par le maréchal Clauzel et Mgr le duc d'Orléans, le Sultan avait vu ses meilleurs amis l'abandonner; ses soldats avaient été tués et désarmés sous ses yeux, son trésor et ses munitions avaient été pillés et sa tente partagée entre plusieurs Arabes de sa propre tribu, les Hachems. Abd el Kader déployait alors un certain luxe, et tous les objets précieux qu'il possédait furent pris; c'est depuis cette époque qu'il a apporté de radicales réformes dans sa maison officielle. Lorsque, après le traité Desmichels, il soumit de nouveau les tribus rebelles, il se fit rendre les objets qu'elles lui avaient dérobés; parmi ces objets se trouvaient des portions séparées de sa tente, qu'il fit réunir très irrégulièrement, voulant ainsi avoir constamment sous les yeux le souvenir des jours néfastes.

Le sol de la tente est recouvert de tapis arabes aux riches couleurs. Le sultan est accroupi sur une natte placée au pied du montant qui se trouve à l'extrémité opposée à l'entrée, dans une espèce de niche formée par les caisses où sont enfermés l'argent et les livres qui composent sa bibliothèque. A sa droite et à sa gauche se tiennent les secrétaires et les hauts personnages de son entourage. Tous les aides de camp formant la maison militaire du sultan restent debout dans la partie intérieure de la tente. Lorsque le sultan a des ordres à leur donner, il leur fait signe, ils s'approchent, s'agenouillent devant lui, reçoivent l'ordre et se retirent à reculons.

Le sultan a devant lui quelques livres et deux petits coffres; dans l'un sont les lettres et les papiers importants, dans l'autre l'argent qui lui sert à faire des largesses et des aumônes. La tente a quinze mètres de longueur sur six de largeur; elle est recouverte par une autre tente plus grande qui la rend plus chaude et impénétrable au vent et à la pluie et qui forme ainsi tout autour un espace réservé à une trentaine d'esclaves nègres composant la garde particulière du sultan.

Ces nègres, achetés par l'Etat, sont excellents cavaliers et ont dû faire preuve de bravoure et de fidélité avant d'être admis dans cette garde. Ils sont grands et forts; ils sont vêtus d'une veste rouge et d'une culotte bleue; ils portent sur le haïk la corde de chameau et deux burnous blanc et brun.

Ils sont armés de sabres, de pistolets et de fusils; la nuit et le jour, la moitié monte la garde autour du sultan, tandis que l'autre moitié repose dans l'intervalle des deux tentes. Ils sont placés sous l'autorité immédiate de l'Emir.

Au montant de l'extrémité opposée à l'entrée, est attaché un rideau en laine qui est pendu aux deux parois intérieures et forme ainsi un réduit à l'arrière de la tente. C'est là que l'Emir se retire souvent pour faire ses ablutions, prier, étudier seul et donner ses audiences secrètes. On y entre par une petite porte gardée constamment par deux nègres. Tout près de cette partie de l'outak et en dehors, est placé un petit réduit à ciel ouvert, nommé bit-el-ma (la chambre de l'eau, lieux d'aisance). A six mètres en avant de l'outak sont plantés les six drapeaux qui accompagnent toujours l'Emir. Ils sont en satin vert, jaune et rouge, brodés d'or et de soie; des versets du Coran sont écrits en lettres d'or et les hampes sont surmontées de croissants et de boules en argent. Derrière les drapeaux sont rangés les chevaux de l'Emir, tous attachés par les paturons et maintenus par les deux longes de leur licol.

Le camp offre actuellement un coup d'œil très intéressant; on y voit des Arabes de toutes les parties de l'Algérie et des habitants de toutes les villes, tous reconnaissables à leurs costumes, à leur physionomie et surtout à leur langage; car de province à province, il y a une différence sensible entre la prononciation et le choix des expressions. C'est toujours de l'arabe, mais l'arabe est une langue si riche qu'il y a plusieurs mots pour exprimer une même chose. Chaque province a donc adopté un mot différent de celui employé par ses voisins : de là une différence apparente dans la langue.

C'est vraiment curieux de voir l'agitation de tous ces Arabes : les uns sont venus porter une plainte, les autres payer l'impôt, les autres demander des secours, ceux-ci terminer un procès; chacun parle en criant de ses affaires. Les disputes s'échauffent quelquefois à tel point que les chaouchs sont obligés d'intervenir avec l'argument qui est l'*ultima ratio* des Arabes, le bâton.

On peut difficilement se faire une idée de la vaste circonférence que doit occuper un camp où sont réunis 15.000 hommes, 12.000 chevaux, 1.000 chameaux, 1.000 mulets, ânes, etc., en tenant compte surtout de la place qu'occupent les tentes relativement grandes des cavaliers auxiliaires et des espaces vides qui doivent exister entre elles et celles de leurs chefs.

Le burnous brun est ici bien autrement respecté que le burnous blanc; cela veut dire que tous les Arabes de l'ouest, qui font partie du makhzen de l'Emir et qui portent le burnous brun, traitent en conquérants les Arabes de l'est qui ne revêtent que le burnous blanc ou rayé de gris. Il existe entre les tribus de l'est et celles de l'ouest, en prenant comme limite entre elles le méridien de Ténès, une antipathie qu'elles ne cherchent pas à dissimuler. Le personnage devant lequel tous s'écartent, celui qui marche la tête haute, le regard insolent et la menace à la bouche, c'est le soldat régulier du sultan, cavalier ou fantassin. L'uniforme brun de ces derniers et l'uniforme rouge des premiers est un talisman qui inspire à tous la crainte beaucoup plus que le respect; mais que de haines s'accumulent contre eux! Il serait impossible en effet de dire à quelle insolence, à quelles exactions et à quelles cruautés se livrent contre les Arabes, leurs frères, ces soldats, qui, hier encore, étaient recouverts d'un burnous en guenilles.

Dans chaque quartier du camp se trouvent des cafetiers qui font un débit immense de marc de café; les Arabes le trouvent horriblement mauvais. Un d'eux, après avoir goûté à une tasse très chargée de marc, sans sucre et brûlante, s'écria en la rejetant : « Je suis persuadé que l'eau de l'enfer n'est ni plus noire, ni plus brûlante, ni plus amère »; mais ils en boivent, pour se donner un genre.

Un cafetier est attaché en outre à chaque bataillon de soldats réguliers; c'est une sorte de vivandier qui vend toute espèce de marchandises et de comestibles. Il vend aussi du tabac, mais en cachette, parce que le sultan en défend l'usage.

Ceux qui veulent fumer sont obligés de se renfermer dans leur tente ou de sortir du camp, et s'ils étaient découverts, quatre-vingts coups de bâton seraient leur punition.

Au « fedjer », c'est-à-dire une heure avant le jour, le « moudden », dont nous avons fait « muezzin », appelle à la prière.

Aussitôt que le jour paraît, les auxiliaires et les palefreniers vont chercher le fourrage et l'orge. Lorsque le sultan déclare « ennemi » le pays où il campe, chacun va piller où il peut. Le matin est consacré par l'Emir et les khalifahs à traiter les affaires particulières et à recevoir le baisement de main de tous les employés de la cour, de tous les khalifahs et de tous les chefs de camp; c'est un devoir indispensable.

A 1 heure après-midi, le « moudden » chante la prière du « d'hour »; s'il ne pleut pas, le sultan sort en avant de sa tente et remplit l'office d'iman. Tous ceux qui le désirent, et quel que soit leur rang hiérarchique, fussent-ils mendiants, peuvent venir prier derrière lui. Aucun des chefs, ni des khalifahs n'y manque.

Quoique le terrain soit souvent boueux, le sultan appuie son front contre terre et tous sont bien forcés de l'imiter. Immédiatement après la prière, l'Emir rend la justice à tous ceux qui l'invoquent, quelque minime que soit l'objet du litige. Lorsque le muezzin a annoncé la prière de l'aàsseur (3 heures après midi) on entend retentir la « nouba », nom donné à la musique du sultan. Les musiciens viennent gravement se placer au pied des drapeaux et font retentir l'air de leurs mélodies primitives. (Léon Roches, *Trente-deux ans à travers l'Islam*).

APPENDICE XVII

Ordre de marche de l'Emir. — Pose et lever du camp.

L'armée que commandait l'Emir au moment de la rupture du traité de la Tafna était composée ainsi qu'il suit :

Trois mille askri, fantassins réguliers	3.000
Quatre cents khiélas, cavaliers réguliers	400
Soixante tobjias (mot turc), artilleurs servant quatre pièces de 6 et deux obusiers	60
Mille cavaliers du makhzen de l'ouest	1.000
Dix mille cavaliers auxiliaires irréguliers	10.000
Total	14.460

Le sultan seul décide du jour et de l'heure du départ. Aussitôt après la prière de l'aurore, le sultan fait appeler le khaznadar en second et lui donne l'ordre de préparer la levée du camp. Ce dernier va prévenir l'agha de l'armée régulière qui fait battre la diane d'abord; puis, une nouvelle batterie annonce à tous le départ. Une heure s'est à peine écoulée que toutes les tentes sont pliées et chargées, ainsi que le matériel et les vivres ; les compagnies sont formées sur l'emplacement qu'occupaient leurs tentes.

Les auxiliaires sont à cheval autour de leurs chefs respectifs. La tente de l'Emir seule est encore debout.

Les aghas et les kaïds des tribus dont on doit traverser le territoire, devant servir de guides à l'armée, sont introduits auprès du sultan, qui, après les avoir interrogés, désigne le lieu où devra être posé le camp. Un des kaïds doit marcher à l'avant-garde avec les cavaliers de sa tribu ; les autres restent à proximité de l'Emir. Le khaznadar prévient son maître que tous les préparatifs de départ sont achevés. Le sultan alors se lève et va s'asseoir sur un tapis qu'on a étendu à l'entrée de sa tente.

A l'instant, tous les ferrêguas (serviteurs de campement) se mettent à l'œuvre, et, en un clin d'œil, la tente, les tapis, les caisses sont chargés sur les chameaux et les mulets qui prennent la tête du convoi placé sous le commandement exclusif du khaznadar en second.

On amène le cheval du sultan ; un tabouret en velours lui permet de se mettre plus facilement en selle, car il monte des chevaux de la plus haute taille et les étriers des selles arabes sont excessivement courts. Qu'on ne croie pas pourtant que cette précaution soit pour lui indispensable, car il est d'une force musculaire remarquable et par conséquent très léger ; aussi, très souvent, l'a-t-on vu s'élancer sur la selle sans même se servir de l'étrier ; c'est un véritable tour de force, car la palette des selles arabes s'élève à plus de 30 centimètres au-dessus du siège.

Deux saïs tiennent le cheval qui piaffe d'impatience ; deux autres chaussent les éperons à leur maître et le « bach-saïs » arrange ses burnous. Au moment où le cheval est lâché, il fait deux ou trois bonds en avant sur les jambes de derrière, et la nouba fait retentir dans le camp le chant bruyant du départ.

L'avant-garde est composée de cavaliers réguliers conduits par l'agha de la province. L'armée se met alors en marche dans l'ordre indiqué ci-contre, mais cet ordre, passablement conservé en quittant le campement, est bientôt dérangé, soit par les difficultés du terrain, soit par la haine des Arabes auxiliaires pour toute discipline et toute contrainte.

Les askri seuls et le convoi se maintiennent à leur rang et passent les défilés avec une promptitude remarquable. A peine a-t-on fait deux ou trois kilomètres que les auxiliaires occupent un espace si grand qu'il devient impossible de leur communiquer le moindre ordre. En vain, leur a-t-on prescrit de ne pas piller; en vain les délinquants sont-ils amenés par leurs chefs et bâtonnés par le chaouch devant le cheval de l'Emir qui s'arrête jusqu'à la fin de l'exécution, l'auxiliaire est incorrigible. Ici, des centaines de cavaliers poursuivent un chacal ou un lièvre; là, d'autres s'élancent à travers ravins, maquis et escarpements, vers des silos d'orge qu'on vient de découvrir. Ailleurs des disputes, des coups de matraque (bâton), puis les chaouchs du sultan intervenant et frappant à tort et à travers.

Il faut avoir marché avec une armée semblable pour avoir une idée du coup d'œil qu'offre cette cohue désordonnée. Quant au bruit, il est indescriptible, puisque c'est l'ensemble des sons aigus et perçants des hautbois, des cris plaintifs des chameaux, des hennissements des chevaux, des braiments des ânes et des hurlements des Arabes qui s'appellent, et reçoivent la bastonnade.

Un cavalier arabe avec son long fusil, son instabilité et la manie de faire toujours caracoler son cheval, occupe plus de place à lui seul que dix cavaliers français. Ils sont tous tourmentés du désir de marcher au premier rang, surtout lorsqu'il n'y a rien à craindre; dès lors ils arrivent à se déployer sur plusieurs kilomètres d'étendue. Plus d'une fois, nos beaux régiments de chasseurs d'Afrique ont chargé sur ces lignes en apparence formidables, et elles disparaissaient comme une nuée de sauterelles. Si, comme nous semblons le croire, les Arabes étaient animés du courage que devrait produire chez eux le fanatisme, la conquête de l'Algérie nous paraîtrait une entreprise téméraire, car nous aurions devant nous cent cinquante mille cavaliers montés sur des chevaux infatigables, et plus de cent mille montagnards habiles tireurs. Mais véritablement, et Abd el Kader l'a déploré souvent, peu d'Arabes sont disposés à mourir pour leur foi (1).

Une histoire à ce sujet :

Les Arabes livraient un combat aux Français; un kaïd voit un de ses cavaliers s'éloigner du champ de bataille : « As-tu peur de la mort, lui crie-t-il, et ne sais-tu pas que si tu meurs en combattant l'infidèle, quarante houris t'attendent au ciel ? »

« Fatma me suffit », dit le cavalier en s'éloignant.

Ils sont capables d'un grand effort dans le premier moment de surexcitation religieuse, mais une résistance énergique les démoralise. Si l'on se retire devant eux, ils deviennent autant

(1) *Souvenirs d'un officier d'état-major.* (Général comte DE MARTIMPREY.)

de lions affamés; leur montre-t-on les dents, ils fuient comme des daims.

Cette appréciation s'applique aux Arabes irréguliers en général. Elle serait complètement injuste à l'égard de certaines tribus makhzen, et surtout à l'égard des fantassins et des cavaliers réguliers de l'Emir, qui portaient presque tous les marques des blessures reçues dans les combats contre les Français ou contre les tribus rebelles.

Le sultan, à la tête de son armée, marche à petites journées. Il ne fait point de haltes. Dans le cas où il voudrait combattre ou faire une « ghazia » (1), il laisse son camp sous la garde d'un nombre suffisant de cavaliers réguliers et de quelques auxiliaires éprouvés, et il va combattre ou « ghazier » à la tête des troupes les plus légères et les mieux montées. Si le combat ou la ghazia l'empêche de revenir le soir même à son camp, il bivouaque en plein air sans inquiétude de la nourriture de son armée, car chacun de ses cavaliers et de ses fantassins porte avec lui des vivres pour plus d'un jour sous un très petit volume, biscuits, « rouïna », (2) ou « cherchem. Le sultan, à l'approche du lieu où doit être établi le camp, descend de cheval et s'assied sur le tapis préparé à cet effet. Les drapeaux sont plantés devant lui, le makhzen vient se grouper derrière l'Emir. Les auxiliaires font halte, et le convoi, protégé par les réguliers, fantassins et cavaliers, s'avance vers l'emplacement désigné.

Le second khaznadar, qui a une justesse de coup d'œil surprenante, raconte un témoin oculaire, marque quatre points de la circonférence du camp, en y plaçant lui-même quatre cavaliers. L'emplacement de la tente du sultan est d'abord désigné;

---

(1) Mot arabe francisé : surprise armée dirigée contre une tribu.

(2) La rouina se fait ainsi : le blé est trié, lavé, séché et cuit au four; puis il est moulu. On jette dans le moulin avec les grains de blé quelques grains de sel.

Lorsque les Arabes vont en campagne, ils remplissent une peau de jeune gazelle de cette farine et la suspendent à l'arçon de leur selle. Lorsqu'ils n'ont pas d'autre nourriture, ils puisent de l'eau au premier puits ou à la première source, marais, ruisseau, etc., dans une tasse en cuivre, qui fait partie intégrante de l'équipement des cavaliers et à l'anse de laquelle ils attachent une petite corde en poils de chameaux qui leur sert à puiser l'eau sans descendre de cheval. Ils jettent dans cette eau une poignée de rouina, de manière à en faire une patte solide. Ils avalent les boulettes qu'ils font tout en marchant et sont parfaitement rassasiés.

Le cherchem est simplement du blé en grains cuit dans l'eau avec un peu de sel. C'est un aliment bon au goût, mais très malsain.

en un clin d'œil toutes les tentes sont dressées, chacun sachant la place qu'il doit occuper, et qui reste la même pendant toute la campagne. Lorsque le camp est installé, le convoi déchargé, les chameaux parqués et les mulets attachés, les réguliers se répartissent dans leurs tentes respectives, les sentinelles sont posées et un aide de camp de l'Emir, qui a accompagné le khaznadar, vient lui annoncer qu'il peut entrer dans le camp.

Le sultan remonte à cheval et, suivi de son cortège et de la nouba qui joue l'air de l'arrivée, il entre dans le camp. A quelques pas de l'entrée, deux saïs viennent, un de chaque côté, prendre un coin des couvertures en feutre qui sont sous la selle. A partir de la porte du camp, Abd el Kader fait caracoler et sauter son cheval ; les deux saïs, avec une agilité remarquable, bondissent avec le cheval et, quoique très rapprochés de lui, ils ne sont jamais atteints par les jambes de derrière que l'on croit à chaque instant devoir leur fouler les pieds.

Arrivé devant la tente du sultan, la musique change d'air, le cheval devient tranquille comme par enchantement et s'approche du tabouret préparé pour faire descendre l'Emir; au moment où celui-ci met pied à terre, trois coups de canon retentissent. C'est ici le moment de parler du cheval préféré de l'Emir; les Arabes disent de lui : « Le noir zaïn (1) apporte bonheur et bénédiction. » Léon Roches raconte ceci :

» Le sultan l'a lui-même dressé et, chose étonnante, il est rétif quand il est monté par tout autre cavalier, même par le bach-saïs qui est pourtant un écuyer consommé et qui monte tous les chevaux de l'Emir; c'est le plus grand cheval arabe que j'aie vu. Il a quatre pieds onze pouces au garrot, l'encolure forte, la tête sèche et petite, l'oreille en croissant, l'œil grand et féroce, les naseaux très ouverts, le front rentré et large, les jambes fortes et sèches. Il a quelques défauts, il est un peu court et haut sur jambes, croupe un peu ravalée et l'encolure trop forte. Sa robe noire, sa crinière qui pend jusqu'au dessous de l'épaule, son toupet qui dépasse les naseaux et sa queue qui traîne à terre lui donnent un aspect surprenant. Il a une telle puissance de jarret, qu'il franchit des espaces immenses sans paraître faire le moindre effort.

» Abd el Kader a l'habitude, quand il part de sa tente ou qu'il

---

(1) Généralement chaque Arabe donne à son cheval le nom de sa robe. Toutefois, les nobles donnent à leurs chevaux des noms de coursiers célèbres ou des noms indiquant leur qualité dominante : *l'Eclair*, *la Foudre*, *l'Impétueux*, *le Courageux*, etc.

y arrive, de le faire cabrer et sauter sur les jambes de derrière pendant un espace de vingt à trente mètres.

» Il a été blessé trois fois sous lui ; ce n'est pas un remarquable coureur, mais il va à l'amble avec une rapidité inconcevable. Quelques chevaux seulement peuvent le suivre au trot et la plupart sont obligés de prendre le galop.

» Dans la fameuse ghazia de Médéah, en 1836, Abd el Kader le montait. Il fit, dans une nuit d'hiver, plus de trente lieues ; sur quatre mille cavaliers partis avec lui, sept à huit cents seulement arrivèrent. Le *Zaïn* n'avait jamais quitté l'amble. Dans un combat livré en 1836, l'Emir fut poursuivi par le colonel Youssouf et par deux ou trois autres officiers ; il eût été atteint si ce même cheval noir n'avait franchi un escarpement devant lequel s'arrêtèrent les chevaux des officiers qui le poursuivaient.

» Il est très intelligent ; lorsque les tribus ou les gens des villes viennent à la rencontre de l'Emir, chacun se précipite pour baiser ses mains, ses pieds, ses habits ; ils empêchent souvent son cheval d'avancer, mais celui-ci, qui est ordinairement très méchant, semble flatté de ces hommages et pose ses pieds avec précaution, de peur de fouler ceux qui sont poussés sous son ventre. Lorsque son maître le monte ou le descend, il se penche vers le tabouret qu'on approche à cet effet.

» Les coups de canon tirés au moment où le sultan entre dans sa tente, annoncent à la tribu ou aux tribus sur le territoire desquelles est placé le camp, que le sultan est disposé à recevoir leurs chefs. S'ils ne se hâtaient pas d'arriver, ils seraient considérés comme insoumis et traités en conséquence, c'est-à-dire que tout le makhzen et les auxiliaires iraient fourrager les armes à la main. Lorsqu'ils se rendent à cet appel, ils sont présentés à l'Emir par l'agha de la province et, suivant la richesse de la tribu, ils doivent fournir telle quantité d'orge ou de paille pour les besoins du camp ; c'est un impôt en dehors de tous les autres et qui se nomme « el dhifa » (l'hospitalité). Ils doivent amener également un ou plusieurs chevaux pour l'Emir et apporter le couscoussou et les moutons rôtis. Aussi les Arabes redoutent-ils l'approche d'une armée qui, dans un jour, leur enlève plus que l'impôt prescrit par le Coran dans un an.

» Quand on est campé en pays ami et que les tribus environnantes ont rempli les obligations auxquelles elles sont soumises, le pillage est défendu et tout délinquant est puni de cinq cents coups de bâton ce qui, pour la plupart, équivaut à la mort.

» Il est bien entendu que les distributions d'orge, de paille et de vivres ne sont faites qu'aux réguliers et au makhzen, parce que les zemouls (auxiliaires) sont obligés de porter avec eux leurs provisions. Si la campagne se prolonge, ils en envoient chercher de nouvelles; à cet effet, ils forment des caravanes.

» Parmi les cavaliers auxiliaires, beaucoup sont dénués de ressources; ils sont alors nourris, eux et leurs chevaux, par les chefs de tribus qui se font gloire d'entretenir des cavaliers qui, par ce fait, deviennent autant de serviteurs dévoués.

Lorsque le camp est posé en pays déclaré ennemi, malheur à ses habitants. Le pillage est alors permis par le sultan, c'est au plus hardi et au plus diligent. L'auxiliaire surtout est surprenant par son habileté dans ce genre d'expédition; rien n'échappe à ses mains rapaces. Malheur aux tribus abandonnées au pillage! » (Léon Roches. *Trente-deux ans à travers l'Islam.*)

APPENDICE XVIII

Prise de la Smala.

La Smala se composait de quatre enceintes circulaires concentriques, groupées autour de la tente de l'Emir. La première qui s'appelait le « douar » (1) du sultan, renfermait sa famille et sa maison, en tout trente ou trente-cinq tentes. Là se trouvaient sa mère, Lella Zohra, ses femmes, sa fille aînée, son fils, âgé de quatre ans et deux enfants à la mamelle.

Un seul cuisinier, le fidèle Ben Kada, était chargé de préparer la nourriture du sultan et de sa famille. Hadj Mustapha ben Thamy (2), beau-frère d'Abd el Kader, ex-khalifah de Mascara, et le diplomate Miloud ben Arèche, ex-agha du Chélif, habitaient la première enceinte qui contenait en tout cinq immenses douars (villages de tentes).

La deuxième enceinte était formée principalement par les douars de Sidi Mohamed ben Allal, ould Sidi Embarek, ex-khalifah de Milianah. Parmi les autres douars se remarquait celui de Sid el Habib ould el Mohr, ancien consul de l'Emir à Oran durant la paix de la Tafna. A côté de Ben Allal, se trouvait le douar de Sidi Mohamed ould Sidi Habehi, marabout vénéré de la Mitidja que les Français dépossédèrent de sa zaouïa.

La troisième enceinte était formée de Hachems Chéraguas (orientaux) et de Hachems Ghérabas (occidentaux). Ces compa-

---

(1) Nous avons déjà dit que le douar (qui signifie en arabe circonférence) est la réunion de plusieurs tentes placées en rond.

(2) Le véritable instigateur du massacre des prisonniers de la Deira.

triotes d'Abd el Kader étaient en grand nombre dans sa smala lorsque celle-ci fut prise, parce que l'Emir venait précisément de les enlever, à peu près tous, sous les murs de Mascara, dans la plaine de Ghris, leur antique territoire.

Enfin la quatrième enceinte se composait des tribus nomades des Hauts-Plateaux qui précèdent le désert appelé « Sahara ». Le chef de ces tribus était le cheikh El Karroubi, qui avait d'abord fait sa soumission aux Français, mais qui, dans l'impossibilité de résister à Abd el Kader, avait reconnu de nouveau son autorité et était gardé plutôt comme otage que comme allié. On le traitait avec égard à cause de sa grande importance dont nous devions, du reste, bientôt profiter.

A côté de lui se trouvait le grand marabout Siddi Kaddour ben Abd el Baki.

L'Emir, bien convaincu qu'il ne pourrait jamais rien que par l'aristocratie du pays, avait pris le parti de chercher à s'emparer, par tous les moyens possibles, des chefs les plus influents, dont il craignait le passage dans le camp français. C'est ainsi qu'il a maintenu beaucoup de tribus qui auraient accepté notre domination et qu'il en a repris beaucoup qui nous étaient venues.

Les otages appartenant aux tribus de l'est campaient à la droite et en arrière du douar de Miloud ben Arèche, et ceux de l'ouest près du douar de l'agha des Hachems Chéragas. Ceux enfin qui lui étaient amenés sans leurs familles et sans leurs biens étaient placés tout simplement dans le camp de l'infanterie régulière.

La smala, qui se composait de 308 douars, contenait une population considérable, dont une partie aurait voulu sans doute chercher un asile ailleurs, pour échapper aux dangers et aux fatigues, marches et contremarches continuelles qui avaient lieu incessamment ; mais, outre que la disposition seule de cet immense campement eût été un terrible obstacle à la fuite, un système d'espionnage habilement organisé achevait de la rendre à peu près impossible. On savait, du reste, quel devait être le résultat d'une tentative malheureuse, car l'Emir avait fait crier dans le camp cette proclamation laconique et significative :

« De quiconque cherchera à fuir ma smala, à vous les biens ; à moi la tête ! »

Tous les parents d'Abd el Kader ne se trouvaient pas dans la smala ; ses cousins, les enfants de Ould Sidi bou Thaleb, s'étaient retirés, eux, leurs familles et leurs biens, dans les États de l'empereur du Maroc, où ils avaient été assez mal accueillis. Les frères du sultan : Sidi Mohamed Sâaïd, Mustapha el Heussin et Sid el Mourtaddi, habitent chez les Beni-Snassems, tribu kabyle occupant la partie de la frontière marocaine, voisine de la Moulouïa. Ils sont placés sous la protection de Mohamed el bou Hamidi, que l'Emir maintient dans cette situation afin qu'à un moment donné il puisse, avec les cavaliers dont il dispose, faire irruption dans la province d'Oran.

Quant à Abd el Kader, il apparaissait rarement à la smala où il n'a passé guère plus de deux mois, dans l'espace de deux années, occupé qu'il était sans cesse, à parcourir les tribus à la tête des troupes dont il dispose afin de tenir ses partisans en haleine, d'encourager les tièdes et de châtier sévèrement ceux qui ont déserté sa cause. Pour avoir sous la main le plus de forces possible, il ne laissait à la smala qu'environ 400 soldats réguliers (infanterie et artillerie) qui formaient la garde du camp.

Les gens de petit commerce et de métiers qui avaient abandonné les villes récemment occupées par les Français. étaient venus s'établir en foule dans la smala, où l'on trouvait des armuriers, des maréchaux, des selliers et même des juifs bijoutiers ou tailleurs. Il s'y tenait de nombreux marchés abondamment approvisionnés de denrées apportées par les indigènes des environs ou qu'on allait chercher par caravanes. Les Oulad-Sidi-Mansour et les Oulad-Sidi-el-Kerch se livraient particulièrement à ce genre d'industrie et allaient acheter dans le Tell les grains qu'ils revendaient avec de gros bénéfices. Les subsistances s'étaient maintenues toutefois à un taux assez raisonnable, quand l'arrivée de la nombreuse population des Hachems doubla et tripla même le prix de toutes les denrées.

Jusqu'à l'ouverture de la campagne de 1843, la position de la smala était assez tolérable; ses déplacements avaient été peu nombreux, exécutés à loisir et motivés seulement par des convenances locales. Mais lorsque les Français se furent établis à Ténès, à Orléansville, à Tiaret, à Téniet-el-Hâad, à Oued-Rouina, au Khemis des Beni-Ouraghs et enfin à Boghar et que de cette troisième ligne, fort avancée dans le sud, rayonnèrent les colonnes qui, toutes, par une habile combinaison du Maréchal, dont lui seul avait le secret, convergèrent dans la direction des plaines éloignées où l'Emir croyait sa capitale nomade en pleine sécurité, alors commença pour la smala une existence de craintes et de migrations continuelles. La faim, qui n'atteignait guère que les plus pauvres, était le moindre fléau de cet immense agglomération d'individus. Les marches et les contremarches fréquentes et subites, rendues nécessaires par les mouvements de nos colonnes, étaient fatales pour les êtres faibles. Les vieillards, les femmes enceintes, les enfants, les malades, semaient la route de morts et de mourants et l'emplacement de chaque bivouac était marqué par un cimetière. Pour soutenir le courage de cette foule désespérée, l'Emir et ses lieutenants avaient recours à leur habituelle ressource : les fausses nouvelles. Quand ils voyaient le découragement devenir général, ils se hâtaient de publier que les Français, en guerre avec les Anglais, allaient retirer la majeure partie de leurs troupes; ou que Moulay Abder Rahman avait lancé sur nous toutes les hordes du Maroc et qu'il s'avançait à la tête d'une puissante armée. Une autre fois c'était une victoire éclatante, remportée sur les chrétiens par Ben Allal; ou bien c'était le général Mustapha ben Ismaeil qui désertait notre cause. Enfin, on affirmait que, las de dépenser des sommes énormes sans aucun résultat, nous demandions la paix et pour qu'on ne pût douter de nos dispositions pacifiques, le gouverneur général Bugeaud était destitué.

Alors des réjouissances publiques étaient ordonnées à propos de ces avantages imaginaires et achevaient d'abuser la foule ignorante, qui se consolait de ses souffrances actuelles en pensant que le terme n'en était pas éloigné.

Si l'on a bien compris la nature et la puissance de l'organisation de la smala, on s'expliquera comment elle circulait librement, même sur le territoire des tribus hostiles à l'Emir. Dans le système d'isolement et de dissémination où vivent les populations indigènes, surtout au delà du Tell, qui donc aurait pu s'opposer à la marche de cette énorme masse d'individus qui rappelle les émigrations vandales traversant l'Afrique septentrionale, depuis les Colonnes d'Hercule jusqu'à Carthage, traînant aussi après elles femmes, enfants, tentes et troupeaux?

Abd el Kader aurait donc conduit sa smala partout, dans le désert, jusqu'aux frontières de Tunis, si des causes naturelles ou politiques n'avaient pas circonscrit ses migrations. La nécessité de trouver de l'eau et des pâturages, celle de se tenir à portée du théâtre de la guerre, imposaient des limites aux déplacements; aussi voit-on que cette ville ambulante, dans ses différentes courses, a oscillé de l'est à l'ouest entre El-Mélah des Ouled-Nail et Dahia-el-Kahla (lac noir) chez les Hamians et du nord au sud entre El-Louah et Tagguin. Cependant à l'époque où elle a été enlevée, elle se disposait à gagner le Djebel-Amour, à deux petites journées au sud de Ouad-Tagguin. Malgré les dispositions hostiles des gens de ces montagnes à l'égard de l'Emir, dispositions dont ils lui avaient déjà donné des preuves lors du siège d'Aïn-Madhi, en pillant les convois, il est probable que la smala aurait passé sans coup férir.

De tous les postes nouveaux, permanents ou provisoires, établis par les Français sur la ligne des Hauts-Plateaux, ceux qui menaçaient le plus la smala étaient Tiaret à l'ouest et Boghar à l'est (1).

Cependant Abd el Kader, croyant que la colonne de Mgr le duc d'Aumale était rentrée sur ce dernier point, avait concentré toute son attention sur Tiaret, qu'il observait avec beaucoup de soin, car il savait que le général de Lamoricière y arrivait, et, connaissant le caractère entreprenant et décidé de ce chef, il supposait que c'était surtout de ce côté qu'il y avait des précautions à prendre, d'autant plus que la rareté de l'eau entre Boghar et le lieu qu'occupait la smala lui paraissait un obstacle au passage d'une expédition française par cette route.

L'événement du 16 mai vint tromper toutes ses prévisions et lui apprit, à ses dépens, que le jeune prince ne le cédait à personne en hardiesse, en habileté et en énergie.

Pendant que l'émir s'abandonnait à cette dangereuse sécurité, Mgr le duc d'Aumale rassemblait à Boghar les munitions de guerre et de bouche ainsi que les moyens de transport nécessaires à l'opération dont le général Bugeaud l'avait chargé. Il apprit par Ameur ben Ferhat, l'agha des Oulad-Ayeds, que la smala se trouvait dans les environs du petit village de Goudjilah, à 25 lieues à peu près dans le sud de Boghar. Muni de ces renseignements qui, s'ils n'étaient pas d'une précision rigoureuse, paraissaient donnés avec bonne foi et en connaissance de cause, le prince se mit en marche le 10 mai emmenant avec lui 1,300 baïonnettes des 33e et 64e de ligne et des zouaves; 600 chevaux, tant chasseurs que spahis et gendarmes et une section d'artillerie de montagne. Un convoi de 800 chameaux ou mulets emportait un approvisionnement de vingt jours en vivres et orge. Des guides sûrs et habiles conduisirent cette petite armée par une vallée étroite parallèle de celle de Nahr-Ouassal jusqu'à Goudjilah où on arriva le 14, à la suite d'une marche de nuit. On cerna ce petit village peuplé de gens de métiers qui avaient des rapports continuels avec la smala et on sut par eux que celle-ci était à Oued-el-Oussakh, à un peu plus de vingt lieues au sud-ouest. La colonne se remit en route dans la nuit du 14 au 15 et elle fut informée par quelques individus, pris

---

(1) Boghar est à 35 lieues sud-sud-ouest d'Alger, un peu à l'ouest du méridien de Coléah.

dans les bois, que l'ennemi avait levé son camp, la veille au soir et se dirigeait sur Rass-Ouad-Tagguin (1) pour gagner de là le Djebel-Amour. Ce brusque mouvement avait été déterminé par une marche du général de Lamoricière, qui se trouvait à quelques lieues dans le sud-ouest.

»L'Emir, avec une troupe peu nombreuse, observait cette dernière colonne; mais il était dans la sécurité la plus complète à l'égard de celle de Boghar, qu'il croyait rentrée.

»Le prince se décida aussitôt à gagner Aïn-Tagguin, où, s'il n'atteignait pas la smala, il pouvait du moins lui couper la retraite de l'est et la rejeter sur le Djebel-Amour, du côté où opérait le général de Lamoricière. Pour arriver plus sûrement à ce résultat, il divisa sa colonne en deux parties, l'une essentiellement mobile, composée de la cavalerie, de l'artillerie et des zouaves avec 150 mulets pour porter les sacs et les hommes fatigués, l'autre formée des deux bataillons d'infanterie et de 50 chevaux, devant escorter le convoi, sous les ordres du lieutenant-colonel Chadeysson.

»Les deux colonnes firent une halte de trois heures, puis elles partirent ensemble, dirigées par des guides sûrs qui devaient les conduire à Ras-ouad-Tagguin. Le 16, au point du jour, on prit quelques traînards de la smala. Les faux renseignements qu'ils donnèrent déterminèrent le prince à faire, droit au sud, une reconnaissance de cavalerie qui n'amena aucun résultat. Après cette tentative infructueuse on reprit la route primitive dans la direction de Tagguin, où était le rendez-vous général.

»La moitié de la journée était presque écoulée sans que l'on eût rien aperçu, et déjà on commençait à desespérer de joindre l'ennemi, lorsque l'agha des Oulad-Ayeds envoyé afin de reconnaître l'emplacement de l'eau, revint au galop pour avertir le prince que les trois cents douars (environ sept mille tentes) étaient campés à la source même du Tagguin.

»Lorsque cet avis parvint, la colonne était à peine à 1.000 mètres de l'ennemi qui ne s'était pas encore aperçu de notre approche. La situation était critique, car les zouaves et l'artillerie, malgré toute l'énergie qu'ils déployaient dans leur marche, ne pouvaient arriver avant deux heures. Quant aux deux bataillons, ils étaient encore plus en arrière. Il fallait donc avec 550 chevaux attaquer cette masse (18.000 individus environ), peu redoutable en elle-même, mais qui, outre une garde de 500 soldats réguliers, ne comptait pas moins de 2 à 3.000 hommes armés.

---

(1) La source du Tagguin.

» Mgr le duc d'Aumale, sans se faire illusion sur les dangers de l'entreprise, comprit cependant que la retraite était encore plus périlleuse que l'attaque ; il n'hésita donc pas à prendre ses dispositions de combat. Malgré les supplications de nos Arabes auxiliaires et les sages observations des aides de camp du fils du roi, il divisa sa colonne en trois petits corps : à gauche les spahis, à droite les chasseurs, lui au centre avec une réserve, et il ordonna la charge.

» La cavalerie, avec cette impétuosité, qui est le trait distinctif de notre caractère national, arrive à fond de train sur l'immense agglomération ; le vaillant Yusuf, à la tête de ses spahis, attaque le douar d'Abd el Kader, culbute son infanterie régulière, bien qu'elle se défende avec l'énergie du désespoir ; l'intrépide Morris, suivi de ses chasseurs, traverse toutes les tentes, malgré une terrible fusillade, et va couper la retraite aux fuyards, que les Hachems défendent courageusement.

» Le prince, à la tête de sa réserve, renverse tout ce qui s'oppose à lui dans le centre.

» Comment se faire une idée de l'horrible confusion qui régna pendant une heure dans cette foule effarée ? Les guerriers ennemis, n'ayant pas eu le temps de se réunir, étaient réduits à se défendre individuellement ; les cris des femmes, les pleurs des enfants, le bruit des armes de tant de combats séparés, remplissaient l'air d'un horrible fracas.

» Les assaillants, trop peu nombreux pour tout prendre, firent une coupure dans cette ville ambulante et chassèrent devant eux la partie qu'ils avaient séparée de la masse. Le reste put s'enfuir.

» Les cadavres de 300 guerriers ennemis, 3.000 prisonniers, des drapeaux, des armes, étaient les trophées de notre victoire.

» Nous n'avions eu que 9 hommes tués, 12 blessés et 28 chevaux mis hors de combat.

» La mère et la femme d'Abd el Kader se sauvèrent, escortées par quelques cavaliers audacieux qui avaient profité du désordre général pour les enlever.

» Lella Zohra avait, quelques instants avant, imploré la pitié de Yusuf qui, sans la connaître, l'avait rassurée et était passé outre.

» Tout le monde avait déployé, dans cette lutte inégale, autant de courage que d'intelligence militaire ; mais au jeune prince appartient réellement l'honneur de la journée. Ce n'est pourtant pas dans son modeste rapport où il n'oublie personne excepté lui, qu'il faut chercher la part qu'il a prise à ce fait d'armes dont le récit véridique paraît incroyable ; c'est par le témoignage unanime des combattants d'Aïn-Tagguin, qu'on a appris l'intrépidité, le sang-froid et la décision qu'il a montrés dans cette difficile conjoncture. » (Léon ROCHES : *Trente-deux ans à travers l'Islam*).

FIN

TABLE DES MATIÈRES

APPENDICES

Ire PARTIE

IIe PARTIE

Paris et Limoges. — Impr. milit. Henri CHARLES-LAVAUZELLE.

www.ingramcontent.com/pod-product-compliance
Ingram Content Group UK Ltd.
Pitfield, Milton Keynes, MK11 3LW, UK
UKHW020553180726
13838UKWH00001B/217